JN123508

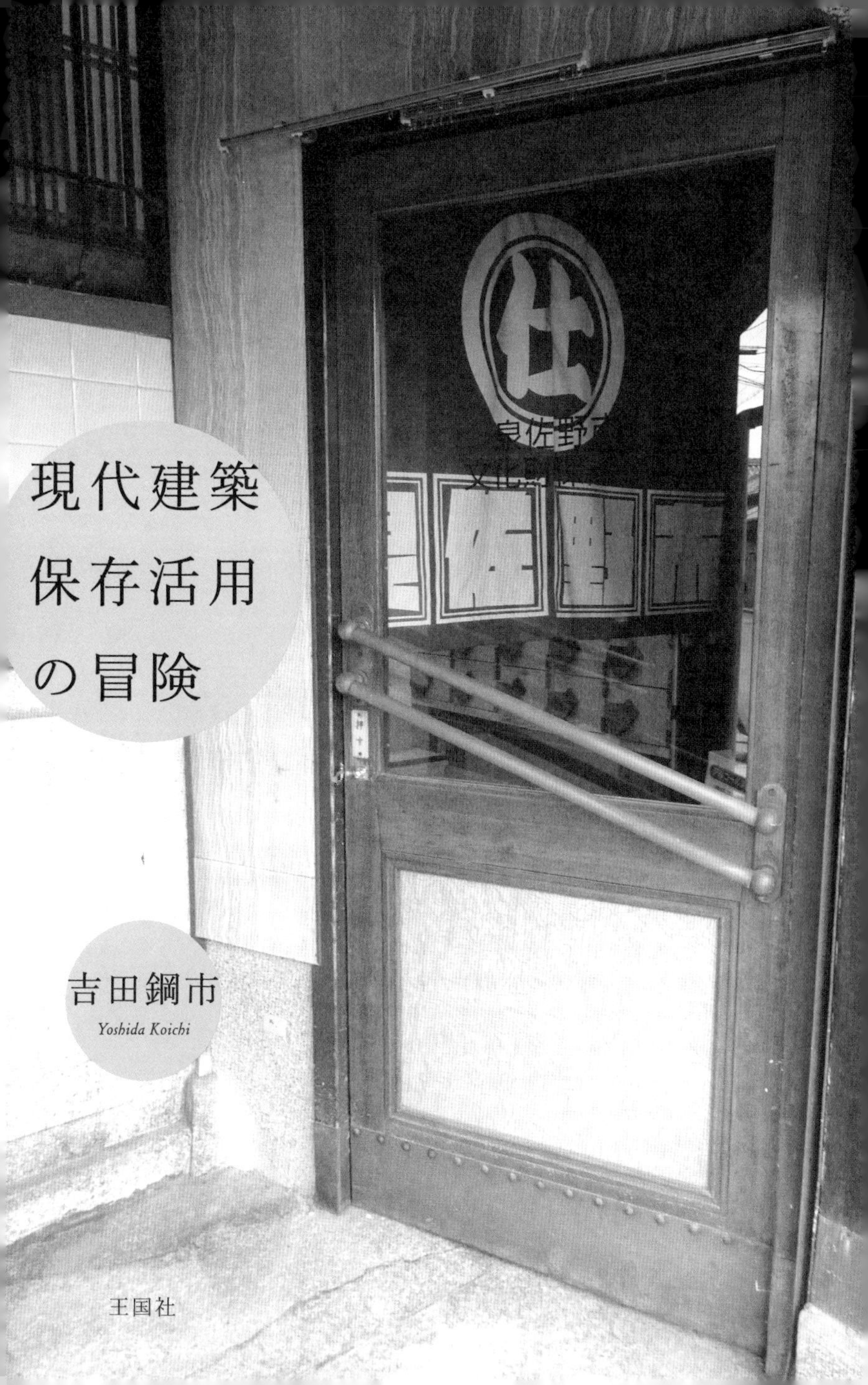

現代建築
保存活用
の冒険

吉田鋼市
Yoshida Koichi

王国社

目次

旅はつづく

２０２１年に『現代建築保存活用見て歩き』という本を出したが、これはタイトル通り、保存活用された近代建築の最近の例を見て歩いた旅の記録である。本書はそれに続くもので、前著の続編にあたる。前著は、概ね２０１０年以降に保存活用が行われたものをとりあげたので、本書はさらに最近の成果をとりあげようとしたが、筆者の意図にぴったりした例がそれほどあるわけではなく、舞鶴赤れんがパークなど、だいぶ以前から継続的に保存活用が行われている例もとりあげた。そこでも感じたことだが、保存活用のやりかたが、単純で目立つ客寄せ的手法から、地道で学術的な手法に次第に変わってきているということである。人々の関心のレベルも非常に高いものになっており、より不自然でなくしっくりしたものが望まれている故であろう。それから、前著でも戦後に建てられたものを取り上げたが、本書は１９８０年代に建てられたものも取り上げている。考えて見れば、それもすでに半世紀の時間を経てきているのである。

保存活用は、ごく当然のようにあちこちで行われており、それほどモニュメンタルでも特色があるわけでもない建物にも及んでいる。保存改修に関わる建築家も施工会社も、保存を専門にしている人たちばかりではない。保存改修という営為がどこでもごく当たり前に行われるようになっているということである。毎年出される日本建築学会の『作品選集』も元来は新築の作品ばかりが掲載されていた気がするが、最近は保存改修されたものもかなり含まれている。この選集は建築学会会員の多くの応募作品から審査して選ばれるものであるが、会員も保存改修を「作品」として考えていることを示すものであろう。現に本書にとりあげた「TETUSIN DESIGN RE-USE OFFICE」「むさしのエコreゾート」「太田アートガーデン」「吉田村ヴィレッジ」も『作品選集2023』でその存在を教えられたものである。

歴史のある建物の保存活用は各地で継続的に行われているが、時間を経たもののもつ現実的な集客性も増していて、歴史的建造物の有する経済性も言われるようになってきている。この歴史的なもののもつ経済的価値については、フランス革命期のカトリック司教であり政治家でもあったアンリ・グレゴワール(1759-1831)という人が「ニームの円形劇場とポン・デュ・ガールは、おそらく古代ローマ人が支払ったお金以上のものをフランスにもたらした……近代のローマはもはや偉人を擁してはいないが、そのオベリスクと彫像は世界中の知識人の視線を呼び寄せている。かくしてイギリス人は、テベレ川の河岸を飾る記念建造物を見に行くのに2000ギニーを費やすのである」と1794年という早い時期にすでに書いている。彼はまた当然ながら文化財の持つ一般的な価値を指摘しており、「イタリアでは、人々はあらゆる記念建造物と、それを描いたものをすら尊重する習慣をもっている。同様な感情がわが市民に浸透するよう習慣づけよう。とりわけ人々の敬意が国民的な対象物を包み込まんことを。それらは個人のものではなくすべての人々の所有物だからである。それらの記念建造物は国民の栄光に貢献し、政治的な優越性を高める」とか「ある哲学者の次の格言よりも賢明なものは何もない。疑わしい時は、差し控えよ。それ故、才能の刻印のない記念建造物も、芸術の歴史にとっては貴重なのである」とか「したがって、できるだけすべての記念建造物を登録しよう。そしてこの文章を心に深く刻もう。『野蛮人と奴隷は学問を嫌い、記念建造物を破壊する。自由な人々はそれを愛し保存する』」と書いている。一方で、「たしかに、わが軍が勝利を得てイタリアに侵入するとするならば、ベルヴェデーレのアポロンとファルネーゼのヘラクレスの奪取は最も輝かしい戦利品となるであろう」と物騒なことも書いている。彼はまた、フランス語の統一を図り、方言の使用を禁止しようと努力したことでも知られており、言葉に関しては地方性を許さなかった。ともあれ、彼の上述の経済性に関する文章は、やみくもに愛国心や郷土文化敬愛心に訴えるよりも経済性を説いたほうが効果的だと考えたからかもしれない。ただし、その経済性は数百年という長い期間を考えた際の経済性であり、短期的なものではないということで、残念ながらそれはいまも妥当する。過激な革命期には古い資産がたくさん破壊されたが、またそれを守ろうとする動きも始まったのであり、フランスの文化財保護行政もこの頃に始まっている。

革命とは逆の成熟の時代に入った今日、地域ごとの多様性が尊ばれるようになった。それぞれの地域性をまるごと尊んで生かしていこうとする「テリトーリオ」というイタリア語由来の言葉がかなり前から盛んに使われているし、最近では「テロワール」というフランス語由来の言葉も使われるようになっている（赤松加寿江・中川理『テロワール：ワインと茶をめぐる歴史・空問・流通』昭和堂、２０２３）。後者はもともと地域の土壌がそれぞれ独自のワインの風味を生みだすことを示す概念だったようだが、いまでは地域の様々な分野での固有性を語る言葉として用いられているという。日本茶のテロワールがすでに論じられており、日本の地酒の香味のテロワールも語られるかもしれない。風土も景観も文化もそれぞれの地域性を大切にするよき時代に入ったのだが、多様性の尊重はまた自足と停滞につながることもあるかもしれない。半世紀も前のことであるが、ユーレールパスをもってイギリスをぐるっと回ったことがある。ある土曜日の夕方、コングルトンという街についたのだが、たくさんの人が楽しそうに盛装して集まっていた。結婚式かと思ったら、地元の演奏家のコンサートに集まってきているとのこと。若かった当時は、自足していたら発展はないのではないかとも思ったが、やはり地域の成熟とはこのことかと初めてむずむずと実感した次第である。おりしも日本の国鉄は「ディスカバージャパン」というキャッチフレーズで人々を地方の各地へ導こうとしていたが、イギリスの鉄道のそれは「ディスカヴァリング・ロンドン」であった。つまりロンドンへの誘いだったのである。ちなみにコングルトンもイングランドの街で、スコットランドではない。

多くの建築家が保存改修の設計を手がけるようになっているが、そのやり方は様々である。既存の建物にひたすら敬意を表して、あるいは保存を義務として謙虚に自らの表現を露わにしないもの、既存の建物との格闘あるいは対話と共存をテーマにするもの、既存の建物の魅力的な部分だけを巧みに利用してひたすら自らの表現を追求するもの、などなど様々である。ただし、保存活用の際に、歴史の尊重とともに木材など有機的な素材の使用が増えたということも指摘できるかもしれない。また、彼らの保存改修に関わる説明の言葉もしだいに学究的・思索的なものに変わってきているように思われる。たとえば、「スポリアspolia」という建築史・美術史・歴史学の専門的な用語を保存活用に携わる建築家も使っている。スポリアはラテン語で新たな建物や構築物に既存の打ち捨てられた材料を再利用することをいう。もともとは獣の皮を剥ぎ取ることを意味したらしいが、転じて剥ぎ取るように強奪した戦利品をも意味するようになったらしい。英語の「スポイルspoil」につながる言葉であるが、スポイルが専ら対象物を台無しにするという悪い意味で使われるのに対して、スポリアは対象物のもつ価値への敬意からなされる。剥ぎ取った皮は大切に活用されるのである。

こうした行為が行われたのは古代末期から中世初期にかけてのことであり、7世紀がそのピークの時期だという。それは古代ローマのみならずあちこちで見られるとされ、9世紀から16世紀までのカイロなどイスラム世界でも行われたという。もちろん建材としての石材の貴重さが促した実際的・経済的な理由が大きいであろうが、既存の部材を勲章やシンボルのようにして用い、見る者もそのように見たということである。

これまた半世紀も前にローマを旅行した際に、サン・テニェーゼ・フオリ・レ・ムーラという4世紀に建てられた初期キリスト教の教会堂を見に行ったが、そこの内部の円柱は材質がそれぞれ異なり、フルーティング(溝彫り)があるものやないもの様々で、おまけに柱頭も同一ではなく驚いたが、続いて訪れた5世紀に建てられたラテラノの礼拝堂の柱頭もすべてが同一というわけではなかった。不揃いの部材をやむを得ない苦肉の手段の表現として見るのではなく、獲得したものの展示品として見たのかもしれないし、あるいはその多様性が一種のおまじないとして感じられたかもしれない。「スポリア・オピーマspolia opima」というラテン語が英語にもそのまま使われているが、それは古代ローマの軍人の最高の勲章だったようで、その勲章品は敵の将軍から剥ぎ取った鎧であった。先に引用したグレゴワールも「ベルヴェデーレのアポロンとファルネーゼのヘラクレスの奪取は最も輝かしい戦利品となる」と書いていたが、戦利品は文化的にすぐれた国に勝利を収めたことの勲章でもあった。エジプトのオベリスクやギリシアの彫像があちこちに強奪されて運ばれているのも、一面では勝った国による負けた国の文化への敬意の表現ではある。つまり、スポリアはある文明の衰退期における多様な他文化の愛好・評価によって生まれる営為だと言えるであろう。画一的で単細胞的な文化からは決して生まれないのであり、衰退期もしくは成熟期のある種の文化的表現とも言える。もちろん、再利用されるのは現実のモノであるが、過去の文化の活用という点では、日本の「写し」、あるいは「見立て」や「歌枕」にも通じる現象であるかもしれない。

前著と同じく、とりあげた順番には意味がなく、単に訪れた順であるにすぎない。それで同じ地域のものが続くことがあるかもしれない。しかし、最後は最後に訪れたわけではないのに、「泉佐野市文化財保護課」にした。これはびっくり脱帽ものの快挙であり、まさに「冒険」だからである。

東京都北区立中央図書館

この東京都北区立中央図書館は、１９１９年に建てられた煉瓦造の工場に新しい施設を増築して図書館にしたものである。当初から煉瓦造で建てられた図書館ならいくつかあって、それぞれ由緒ある歴史的な図書館として知られているが、煉瓦造の工場を図書館に転用した例は珍しい。それもあって、この建物は「赤レンガ図書館」の名で親しまれているようで、館内に併設されている飲食店も「赤煉瓦カフェ」である。

当初は陸軍の東京砲兵工廠銃砲製造所の「弾丸鉛身場」として建てられた。つまりは弾丸製造工場で、このあたり一帯には１９０５年、すでに多くの煉瓦造の建物からなる東京砲兵工廠銃砲製造所が建てられており、その一端にこの建物は増築されたわけである。戦後、接収を経て陸上自衛隊十条駐屯地となり、１９９０年代にそのほとんどの煉瓦造の施設が鉄筋コンクリート造に建てかえられる中で、関東大震災にも軽微な損傷で耐えた生き証人でもあったが故か、あるいは幸いにして敷地の隅のほうにあったが故か、この建物は保存され、その後、北区に移管され図書館となるに至ったわけである。実際、この建物は煉瓦造の洗練された完成期の姿を示しており、窓も非常に広く、図書館としても十分に明るい。創建当初、陸軍には多くの建築技術者がいたが、この建物の設計・施工は不詳。ついでながら、この東京砲兵工廠の南端に１９３０年に建てられた東京第一陸軍造兵廠（砲兵工廠の名は時代と共に何度か変わった）本部の建物が北区立中央公園文化センターとして保存活用されている。

図書館としての開館は２００８年。北区の中央図書館は以前から別のところにあったが、手狭になっていたようで、所を得てここに落ち着いたことになる。設計は佐藤総合企画で、施工は安藤建設・佐伯工務店・高橋建設。二連の切妻屋根をもつ長さ54メートル、幅27メートルの平家の煉瓦造に、3階建ての鉄筋コンクリート造の建物を付け加えたわけだが、その組み合わせ方がユニークで、「違い釘抜紋」のように双方をずらして重ねている。それで、赤煉瓦のほうも南北西の三面の外壁が残されたわけだが、なんと残りの東面の大部分も館内の中心部に内壁として残されており、それが内部に強いインパクトを与えている。煉瓦造の内装はすっかり変えられており、外壁と鉄骨の柱とトラスだけがいわば骸骨のように保存されたわけだが、かつても工場あるいは後には倉庫として使われていたから、おそらくもともと内部はがらんどうだったであろう。だから、よく残されたといってよい。鉄骨の柱は刻印によると八幡製鉄所でつくられたものらしく、その一部の基礎もガラスの床の下に見えるようにされている。煉瓦も地元の北区や足立区でつくられたものだということが刻印からわかるという。

増築された鉄筋コンクリート造の部分も、南側は住宅団地に面していて閉じられた雰囲気になっているが、基本的には太い柱を除いて多くはガラスで覆われており、それほど強い主張もすることなく、煉瓦造をやさしくカバーしている感じがする。公園に面した北側はまさによく開かれていて、とりわけ少し高く突出するガラスのエレベーター塔がモダンさと軽快さを表現している。

北側外観。右奥にあるのが煉瓦造の部分。真ん中のガラスの箱はエレベーター塔。

北側外観。二連の切妻屋根の左側に飲食店があり、それが外のテラスとつながっている。

南側外観。主要部分とは別に設けられた鉄筋コンクリート造の増築部分とガラスの通路でつながれている。

北側と西側の外観。柱に付けられた金具もそのまま残されている。

西側外壁の樋。柱の窪みにぴったりと収められている。

内部。右側に見えるのが館内の煉瓦造の内壁。もともとは東側の外壁で、開口部の造作を除いてほとんどすべて残されている。

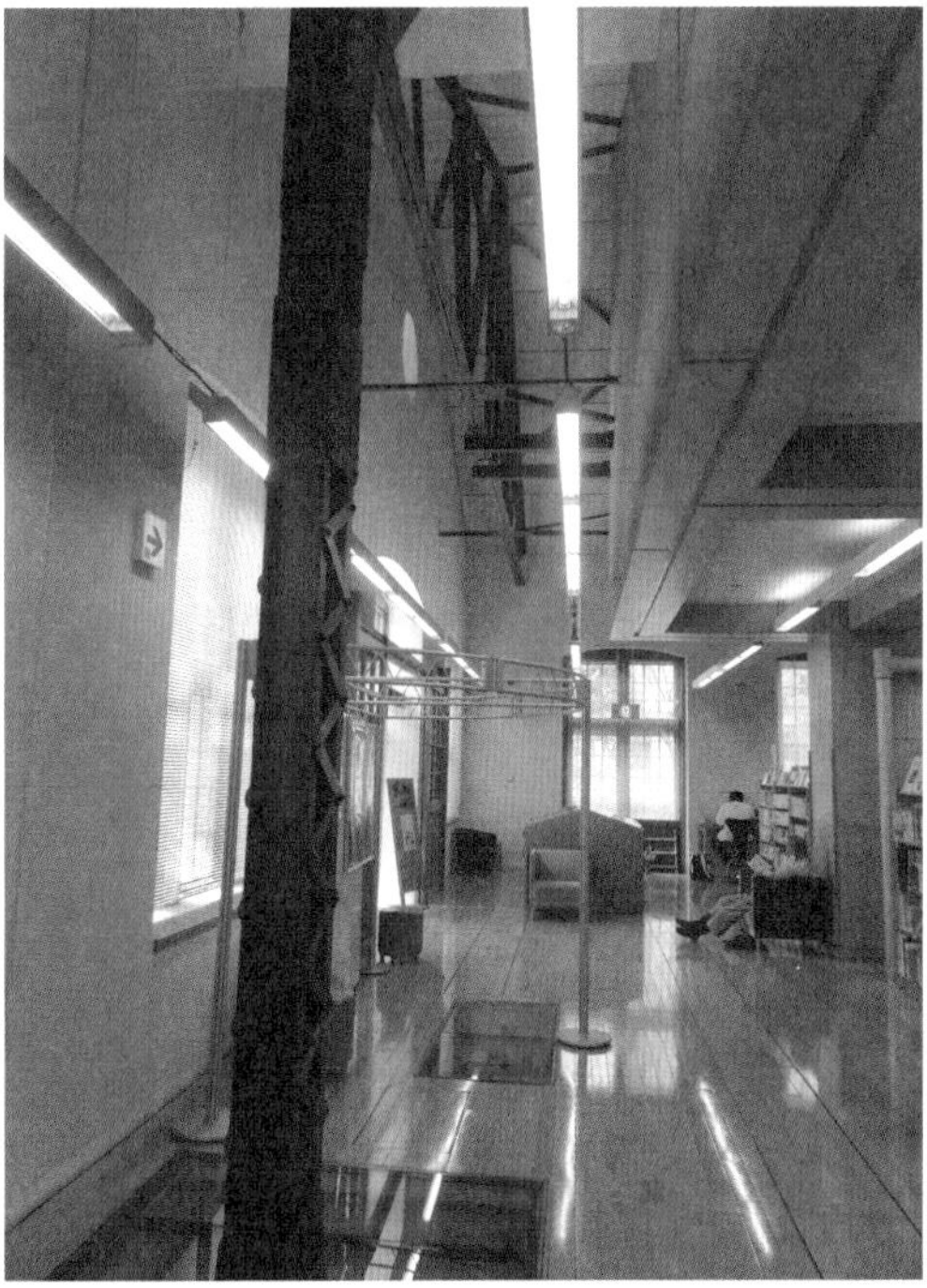

内部。鉄骨の格子（ラチス）柱。その上にトラスが見える。

鉄骨の格子（ラチス）柱の基礎。床下に煉瓦や金具が展示されているところもある。

屋根を支えるトラス。このトラスはフィンクトラスらしい。

「赤煉瓦カフェ」。左側の窓と入り口が北端部。たいへんにぎわっている。

白井屋ホテル

群馬県前橋市にあるホテルである。SHIROIYA HOTELとも記す。1970年代に建てられた老舗のホテルの建物の外観と骨組みを残して改築し、あわせて背後に新しい施設を増築したものである。老舗のホテルの名も同様なホテル白井屋。さらに前の名は白井屋旅館で、これは江戸時代から続く長い歴史をもつ旅館だったという。それが2008年に閉鎖され、売却されることになったが、買ったのがジンズの創業者田中仁氏。田中氏は前橋の出身で、2013年に群馬県の企業家育成のための田中仁財団を創立。同時に前橋の街づくりにも関わり、自ら発起人となり地元の実業家を集めて「太陽の会」を設立。その会の最初の事業が岡本太郎の「太陽の鐘」を利根川の支流広瀬川の川畔に移設することだった。その移設の完成が2018年で、移設地の周辺整備の設計を担当したのが藤本壮介建築設計事務所。この白井屋ホテルの設計も同事務所で、設計開始が2014年、完成が2020年12月。施工は地元群馬県高崎市の冬木工業。このホテルの事業は、田中氏の一連の前橋活性化活動を背景にして初めて理解することができるもので、それでその事情をかいつまんで記した。

1970年代に建てられたという前のホテルの建物についてはほとんど触れられておらず、設計・施工関係者についても不詳。つまり、このホテルは建物そのものの建築史的価値に基づいて保存活用が行われたのではない。そこが、通常の歴史的な建物の保存活用とは異なる。おそらく事業者は、この都市の一等地が単なる居住施設になることを避けたかったのであろうし、生産的で人々が集える場所にしたかったのであろう。あるいは、このホテルのくせのないシンプルなファサードがおよそ半世紀の年月を経て人々の記憶に刻まれていたことを尊んだのかもしれない。いっそすっかり建て替えて、目を引く新しいホテルにする手もあったであろうが、建築家と事業者は既存の建物の記憶の継続性を選んだ。伝えられたものは、景観か、由緒ある宿泊施設の名前か、あるいは前橋の商業活動の歴史の一端か。ともあれ、このホテルは単純なスクラップ・アンド・ビルド時代には考えられもしない事業である。

その改造ぶりであるが、先述のようにこの4階建ての建物はファサードと背後の部分と骨格を残して改築されている。もっとも、前のホテルの茶室は保存されているらしい。ファサード背後の部分は、柱梁だけの4階分吹き抜けの空間となっていて圧巻。いわゆる坪効率からすれば、考えられない処理であるが、ここは宿泊者以外でも入れるラウンジになっていて、入れ代わり立ち代わり人の出入りがある。ホテルのフロントはかなり奥になっていて、この吹き抜けは人々の自由に集える空間となっている。吹き抜けを縦横に走る細いパイプがあって、なんだろうと思って見ていたら発光するパイプだという。これもアーティストの作品だといい、このホテルにはほかにも多くのアーティストの仕事の協働が見られる。ちなみにファサードに付けられている1枚だけがずれて斜めになっている看板のような4枚のサインもそう。それに、この吹き抜けの空間をはじめ、このホテルには植物が溢れていてジャングルのような雰囲気をもっている。背後の新築棟は既存のものとは異なりメルヘンチックだが、そこにも緑は溢れていて、少しラコリーナ近江八幡（藤森照信氏設計）を思わせもする。正面とは反対側の道路側にはパン屋などの店が入っていて、正面とこの通りを自由に通り抜けできるようになっている。

正面側外観。4枚の看板のようなサインは ローレンス・ウィナーの作品という。たしかにうらぶれたような雰囲気もあって時間を感じさせる。

背後側の外観。吹き抜けの部分以外は保存活用されているようだ。

通り抜けを経て背後の新築部分を望む。緑に溢れている。

新築部分。中央に客室の入り口が見える。壁面はやはり緑。

背後の道路から見た外観。1階部分には商店が入っていてにぎわっている。

4階分吹き抜けに至る部分。手前にホテルのフロントがある。

吹き抜けの部分。新たに階段が設けられている。左に見えるピンク色のパイプはレアンドロ・エルリッヒの作品だという。時間と共に発光の色が変わるらしい。

吹き抜けの部分。後ろの壁につけられている作品は白川昌生のもの。

吹き抜け部分の柱梁。背後のレース状の垂れ飾りは、安東陽子の作品。

吹き抜けの柱に残された落書きのようなもの。リアルさを感じさせる。

浜松市鴨江アートセンター

かつての浜松市の中心的な警察署庁舎がアートセンターになって蘇った。もともとは1928年に建てられた浜松警察署であるが、後に浜松東警察署と浜松北警察署ができた後は浜松中央警察署であった。鉄筋コンクリート造3階建てであるが、戦前までは警察署が消防機能も兼ねていたこともあってか、6階建て相当の望楼のようなモニュメンタルな塔屋を備えていた。外観も左右対称でモニュメンタル。竣工時の新聞に「設計並に監督　静岡県庁建築係　工事請負　静岡長谷川太平」とあるという。

1971年の浜松中央警察の署移転に伴って、この建物は翌1972年に静岡県の所有から浜松市の所有となり、浜松市社会福祉会館として用いられるようになる。さらに1984年からは浜松市鴨江別館（鴨江はこの場所の地名）となっていたが、2001年に先述の望楼の塔屋が解体され、同時に建物全体にも解体の方針が出されたが、浜松市民の保存要望活動により存続が決まり、耐震補強改修工事を経て、2013年に鴨江アートセンターとなるに至っている。鴨江別館時代も、音楽練習場や貸会議室として使われており、アートとのかかわりはすでにあったわけだが、こんどは文字通り「創造都市・浜松の拠点的役割を担う公共文化施設」の「アーティスト・イン・レジデンス」つまり、アーティストが一定期間継続して活動する場所となったわけである。実際、完成作品が展示されている部屋もあったが、多くが制作中の状況であった。訪問者が制作中のアーティストと気軽に声をかわせるということになっているわけである。その耐震改修の設計は、静岡県建築士会西部ブロックまちづくり委員会が担当しており、保存活用運動にも同組織が積極的に関わったという。この建物のパンフレット『ＢＥＫＫＡＮ　浜松市鴨江別館』も同組織の編集・刊行である。そして施工は、地元浜松の鈴木組。

さて、その耐震改修ぶりであるが、非常に素直でオーソドックスなやり方。裏側のファサードのみならず正面のファサードの多くの窓に、鉄骨のブレースが施されているのが見えて、いかにも耐震補強をしたということが一目でわかる。率直にすぎるともいえるが、アートの制作現場をオープンにみてもらおうという場所でもあるから、このほうが正直でよいのかもしれない。この建物は当初は大部分の壁面に日華石タイルが張られていたが、１９７４年にタイルがはがされ、白い色のモルタル塗り仕上げとなっていた。それをこの時の耐震改修でタイルの色に近い黄土色のモルタル仕上げに変えられている。タイル時代への復元が意図されたのであろう。正面右端近くにあった通用門も長い間塞がれていたが、それも復元されている。つまり、内部も含めてこの改修は概ね復元的に行われている。ただし、望楼の塔屋は復元されず、かつてあったという正面の５本の大オーダーの柱頭飾りも復元されなかった。

この地区の最大のモニュメントであったこの建物は、幸いにも保存活用されたわけだが、それに少し先駆ける２００９年に、その真向いにあるかつての浜松銀行協会（１９３０年、設計は中村與資平、施工は大倉土木）の建物が、木下恵介記念館（映画監督木下は浜松出身）となっており、共に浜松市の施設として活用されている。

正面外観。外壁の腰部は石張り。右隅に見えるのが復元された通用門。窓のブレースがよく見える。

背面側外観。やはり、随所にブレースが見られる。

玄関ポーチ。三連のアーチと5本の大オーダーの柱は石張り。

内部。開口部ごとにブレースが見られ、これらの大きな窓にはブレースは三角形二つからなる菱形。

内部。小さな窓には三角形のブレースが加えられている。

内部。間仕切り部分のブレース。

制作中と思われる作品。柱頭飾りのある円柱の間に作品がおさまっている。

階段。親柱は人研ぎ仕上げ。アーチの基部には曲面を連続させたグリグリの繰形が見られる。

人研ぎ仕上げの階段の手摺り。

円柱の柱頭飾り。天井の周囲にも植物文様の装飾が見られる。

牛久シャトー　神谷傳兵衛記念館

茨城県牛久市にあるかつてのワイン醸造施設が保存修理され、記念館やレストランとなり、新たにミュージアムやショップも設けられ、醸造場一帯がありがたくも無料のミュージアムパークになっている。現存する醸造施設が建てられたのは1903年で、牛久醸造場としてであった。そして創建当初からの3棟の煉瓦造の建物、事務室（現・本館）と醗酵室（現・神谷傳兵衛記念館）と貯蔵庫（現・レストラン）が、2008年に国の重要文化財に指定されている。また、その前年の2007年にはこれらの施設が近代化産業遺産に認定され、2020年には山梨県甲州市と共に「日本ワイン140年史――国産ブドウで醸造する和文化の結晶」として日本遺産に認定されている。

この醸造場をつくったのが神谷傳兵衛（1856－1922）。神谷は当初は輸入ワインを加工した「蜂印香竄葡萄酒」（いわゆるハチブドー酒）なるものを販売して成功していたが、いよいよ本格的にワイン醸造に乗り出してつくったのがこの醸造場である。そのために婿養子の傳蔵をフランスに送ってボルドーで2年間学ばせたという。神谷の期待に応えてこれを設計したのが岡田時太郎（1859 or 1860－1926）で、岡田は辰野金吾と同郷の唐津藩の出身。またこの頃、岡田の下にいたという森山松之助（1869－1949）も、事務室の意匠と森山の卒業設計が似ていることなどから、この設計に関わっているのではないかと考えられている。施工は不詳。

この醸造場が今日のように記念館やレストランとして使われるようになるのは1970年代か

らのことらしいが、いまもビールやワインはつくられているようだ。ただし、名前は牛久シャトーガーデンやシャトーカミヤに変わり、２０１７年から牛久シャトーとなっている。シャトーの名は、マンサード屋根でシンボリックな塔屋をもつ本館がフランスの城館を思わせることによる。なお、この醸造施設の所有者は、かつての牛久醸造場をルーツにもつオエノンホールディングス（オエノンの名はギリシア神話のディオニュソスの娘で酒造りの女神の名に因むという）であることに変わりはないが、２０２０年からはその運用は牛久市が出資して設けた牛久シャトー株式会社が担っている。

以上が来歴であるが、この施設は２０１１年の東日本大震災で被災し、２０１６年までを費やして復旧工事と耐震補強工事が行われた姿が現状である。その復旧耐震工事の設計は文化財建造物保存技術協会で、施工は大成建設。重要文化財の修理であるから非常に正統的な修理が行われているが、いくつかの工夫も見られる。なお、醗酵室（現・神谷傳兵衛記念館）と貯蔵庫（現・レストラン）は内部を見ることができるが、事務室（現・本館）は内部を見ることができない。それで醗酵室を中心にとりあげるが、醗酵室は煉瓦造2階建て地下1階。外観からは耐震補強の跡が見えないが、普通は人が行くことはない裏に回ってみると3本足のロボットのような鉄骨のバットレスがいくつか見られる。小屋組は木造のトラスであるが、2階の随所に鉄骨の梁が挿入され、その梁とこのバットレスをつないでいるという。平家の貯蔵庫のほうには、梁の補強はなく、鉄骨の柱と梁が目立たないように付け加えられている。

外観。右側が醗酵室（現・神谷傳兵衛記念館）で、左側が貯蔵庫（現・レストラン）の折れ曲がったところ。

醗酵室の側面の妻面。左側に一部写っているのが新しくつくられたショップ棟。

醗酵室の背面。鉄骨の3本足のバットレスと、壁につけられた柱で補強している。

事務室(現・本館)の外観。ここのシンボルであるが、非公開で残念ながら中がのぞけない。

貯蔵庫（現・レストラン）の醗酵室と反対側の外観。

醗酵室の1階内部。ワイン樽がずらりと並んで壮観。

醗酵室の2階。神谷傳兵衛記念館用の資料が展示されている。随所に鉄骨の梁が見られる。

醗酵室の2階。壁側の鉄骨の補強。

醗酵室の地下階。ここにもワイン樽がずらりと並ぶ。

貯蔵庫（現・レストラン）の内部。鉄骨の柱と桁のみの補強で、梁の補強は見られない。

製粉ミュージアム

日本の製粉業の最大手、日清製粉グループが、その発祥の地の群馬県館林市に設けたミュージアムである。このミュージアムは２０１２年のオープンであるが、その本館は１９１０年に建てられた木造のかつての工場事務棟を保存活用したものであり、その前面に鉄筋コンリート造の新館を設けたものである。日清製粉は１９００年に館林製粉として発足したが、その場所はこのミュージアムのある栄町より少し北の代官町であった。その10年後の１９１０年に、ミュージアムのある現在地に引っ越したのだが、現在地は東武伊勢崎線館林駅の駅前である。ちなみに東武鉄道の伊勢崎線は１８９９年に久喜まで通っていたが、館林まで来るのが１９０７年である。そして、ミュージアム本館となったかつての工場事務棟は、１９００年創業時の工場本館の部材を用いて建てられたとされており、本館の創建は１９１０年であるけれども、その部材は１９００年まで遡ることになる。

ミュージアム本館は、木造2階建て下見板張り。屋根は瓦葺きで、寄棟の上に越屋根のようなものを重ね、マンサード屋根風にしている。全体として基本的には洋風ではあるが、屋根をはじめなんとなく和風の雰囲気も漂う。その設計・施工は不詳。館林製粉の名前は１９０８年に日清製粉と変わっているが、この建物はずっと工場事務棟としてあり続け、創業70周年記念の１９７０年、改装されて製粉記念館となった。そして創業１１０年を記念して２０１２年に製粉ミュージアム本館となったわけである。なお、ミュージアムの隣地は、いまも変わらず日清製粉の工場であるが、ミュージアム建設と並行してほとんどの施設が建て替えられたとされる。ただし、木造の倉庫が部分的に残されているともされる。また、２００１年に会社の名前が日清製粉グループになり、この工場も同グループを構成する一つの会社である日清フーズとなり、さらに２０２２年に日清製粉ウェルナと名前が変わり、その館林工場となった。「ウェルナWelna」とは“wellness by nutrition from nature”（自然の恵みによるよき健康）の頭文字をとったものという。なお、本館と新館の間に日本庭園が広がっているが、これも当初からの庭園を拡充整備したものという。

本館を保存改修し、新館を建てたのが、設計・施工とも清水建設。本館は免振装置がなされたという。そのため、15メートルほど曳家をして当初の基礎部分に免振レトロフィット装置を施し、再び曳家してもとの位置に戻したという。それにより、煉瓦造の基礎も保存されたという。免震装置以外にも小屋組や壁の一部に補強がしているとされるが、外観上はわからない。最も目立つのがエレベーター棟の増築で、これは本館の外壁の外に設けられている。内部も復元的に保存改修されており、二階の床の構造と1階の天井の上部が見えるような展示ケースも設けられている。また、天井の換気口の細かな装飾もきちんと残されている。新館の方は、もちろんこちらのほうが製粉ミュージアムとしてはメインの展示室ではあるが、あまり強い自己主張をしないニュートナルなデザインとなっており、本館への導入空間のようなものとなっている。なお、このミュージアムは２０１２年にＢＥＬＣＡ賞、２０１３年にグッドデザイン賞を受賞している。

庭園側からの本館の外観。右側にエレベーターが増築されている。新館は左の方にある。

新館から本館へのアプローチの部分。当初から、こちら側が玄関だったものと思われる。

本館の玄関ポーチ。破風飾り（バージボード）や、庇の屋根の上の飾りもなんとなく和風の感じがする。

本館の庇の下の持送り。これもまた独特の意匠で、和洋折衷か。

新館。平屋のように見えるが、後ろの部分のレベルが下がっていて、実際は3階建て。

本館の内部。天井の中心飾りもよく保存されている。

本館の内部。階段の親柱。

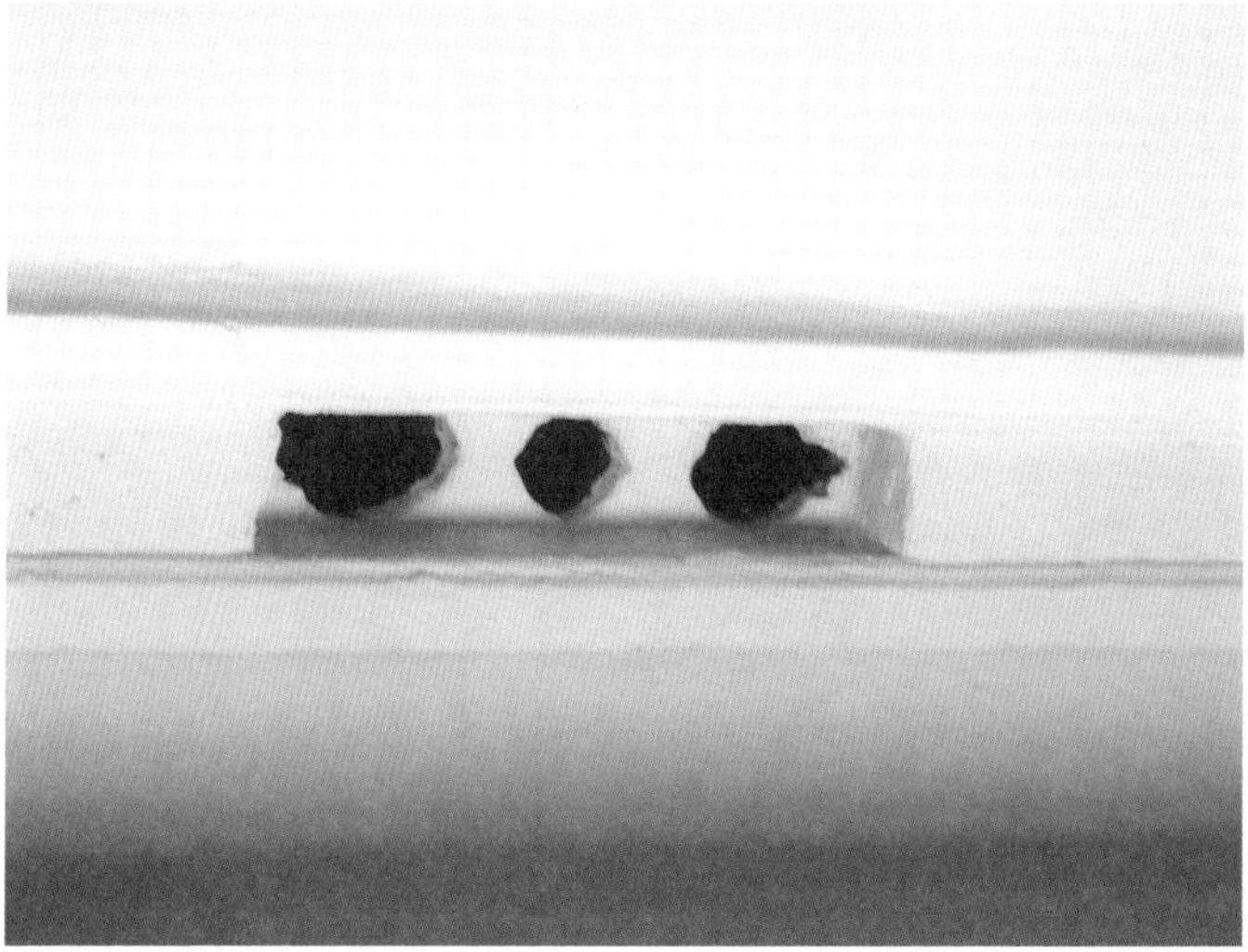

本館の内部。天井周囲の換気口。これもまた独特の形をしている。

同じく、天井の隅の換気口。なまめかしい花模様。

本館2階の床に設けられた展示ケース。2階の床の構造と1階の天井の上部が見られる。

佐原三菱館

千葉県香取市佐原は水郷の街として名高く、小野川の両岸に江戸末期から明治期の歴史的な建物がたくさん残され、1996年に重要伝統的建造物群保存地区に選定されてもいる。その伝建地区の一画にこの佐原三菱館はあり、佐原観光の資料館・研修所・案内所としての「佐原町並み交流館」の一部となっている。

いまの名は三菱館であるが、もともとは1914年に建てられた川崎銀行佐原支店であった。現にいまもこの建物の玄関上部には「川崎銀行佐原支店」の文字盤が付されている。川崎銀行が佐原に出張所を置いたのはさらに前の1880年のことで、それが1898年に佐原支店に昇格し、より本格的な煉瓦造の銀行建築として建て直されたのがいまの建築ということになる。つまり、「小江戸」で知られる佐原の経済活動は、近代以降も盛んだったことがわかる。川崎銀行は1943年、戦時統合によりに三菱銀行に吸収合併され、それ以降はこの建物は三菱銀行佐原支店となるが、当初は倉庫のような付属屋が置かれていた隣地に1989年、新館が建てられる。その際、この煉瓦造の建物の解体が検討されたようだが、「赤れんが銀行」の名で親しまれたこの建物の保存を望む市民の声が強く、この建物は三菱銀行から佐原市(佐原市が香取市になるのは2006年)に寄贈されることになる。佐原市はこれを観光案内所として使用し、1991年には千葉県の有形文化財となった。しかし、2003年には三菱銀行佐原支店そのものが閉館(移転ではない)、佐原市は閉鎖された新館を買い取り、2005年に「佐原町並み交流館」がオープン。その後2011年の東日本大震災で被災、長い間閉鎖されていたが、耐震補強改修工事が実施され、再オープンに至ったのが2022年である。

煉瓦造2階建ての佐原三菱館の設計・施工は清水満之助商店。いまの清水建設であるが、清水組となるのが1915年のことであるから、その少し前の仕事ということになる。担当は設計図面から大友弘（1888-1962）と鈴木栄太郎（1895-1986）だということがわかっているという。ともに工手学校の出身で、大友は後に清水建設の設計部設計課長になっている。煉瓦造の開口部廻りなどの要所に石を配したいわゆる辰野式で、規模はそれほど大きくはないのに立派なドームを頂いている。

そして、これの耐震改修は、耐震診断・設計・監理が坂倉建築研究所、実施設計技術支援と施工が清水建設によって行われている。耐震補強は、小屋裏と二階の回廊に鉄骨が付加され、煉瓦壁の中に鋼棒が挿入されることによって行われた。だから、目にはよくわからない。県の文化財であるから当然であるが、内部も復元的に修理され、すでになくなっていた客溜まりのカウンターも復元されている。2階建てとはいっても、2階のほとんどは吹き抜けで、周囲に廊下が回っているのみ。その廊下へ上がる階段は螺旋階段である。この建物は「佐原町並み交流館」の一部となっているが、この建物自体が展示物であって、内部はがらんどう。展示物は1989年建設の三菱銀行新館の方で行われているが、その新館も金庫室などが保存され、交流館自体もかつては銀行であったことがわかる。佐原駅近くにも観光案内所はあるが、こちらの方がより中心的で重要な施設である。

外観。右が佐原三菱館。左が佐原町並み交流館で、かつての三菱銀行佐原支店新館。

佐原三菱館。入り口はいまは閉鎖されており、交流館内から入る。入り口上部の表示は、いまも川崎銀行佐原支店。

佐原三菱館の側面。コーナー部分にドームを設ける。腰壁の石積みは、側面の半ばで終わる。

佐原三菱館の背面。アーキトレーブの部分には背面にも石が張られている。

交流館から佐原三菱館に入る入り口部分。当初から付属屋との連絡口であった。木製の階段は新設。

佐原三菱館の内部。二階は周囲に廊下が回るのみで、そこへは奥の螺旋階段で上がる。左手前に暖炉がある。

佐原三菱館の内部。2階回廊の持送り。庇下によく見られる金属製のものと思われる。

佐原三菱館の内部。手前が客溜まりで、カウンターの背後が営業室。

佐原三菱館の内部。暖炉。マントルピースは国産の大理石製だという。

佐原町並み交流館の内部。町並みの模型などが展示されている。奥に金庫室がある。

九段会館テラス

２０２２年10月、「九段会館テラス」がオープンした。九段会館の主要部を保存活用して、背後に17階建てのオフィスビルを新築したものである。九段会館は、もともと１９３４年に軍人会館として建てられた。設計は在郷軍人会によってコンペに付され、小野武雄の1等案をもとに、実施設計は技師長川元良一と技師三日市勝三郎が行った。技術顧問として伊東忠太の名が記されており、伊東は当該コンペの審査員の一人でもあった。施工は清水組。

戦前は緊張したシーンの舞台となることもあったが、戦後は日本遺族会の運営する九段会館となり、宿泊施設・食堂・結婚式場・宴会場・ホールとして長く使われ続けていたが、２０１１年の東日本大震災で被災。ホールの天井崩落で死傷者を出して、九段会館は閉鎖、廃業。しばらくのブランクの後、土地・建物の所有者の国が、この建物と場所の歴史的価値を生かした高度利用計画を意図し、二段階競争入札を実施。２０１７年にその入札を獲得したのが東急不動産と鹿島建設ということになり、翌年に両社は合同会社ノーヴェグランデ（「新しい大会館」の意味と思われるが、少しもじれば「九つの段（ノーヴェ・グラディーニ）」つまり九段ともとれる）を設立している。したがって、この事業の施主はノーヴェグランデということになる。そして、その事業の設計・監理は鹿島・梓設計工事監理業務共同企業体で、施工は鹿島建設東京建築支店である。工期は既存の建物の一部解体の期間も含めて２０１８年5月から２０２２年7月まで。なお、工事中の２０１９年に九段会館は国の登録文化財になっている。

さて、九段会館の保存された部分であるが、内堀通りに面した東側ブロックと正面入り口側の北側ブロック、つまり機能的にも意匠的にも重要だった部分がL字型に残され、全体のおよそ3分の1が保存活用されたことになる。保存された部分の外観は基本的には保存修理の精神で行われているようで、特異で独特のタイルや瓦も多くが残されて使われている。内部も重要な部分はきちんと保存されている。保存された棟には免振レトロフィットの装置が施され、新築部分と別の構造物としてエキスパンションジョイントでつながれている。背後のオフィスビルは強い主張をせず、そのファサードも九段会館の縦長の三連の窓のデザインに呼応しているようにも見える。内装も保存された部分から今日的な部分へと漸進的に変化していくようにする意図が感じられ、保存棟と新築棟がスムーズに連続しているように見える。建物の北側の部分は「九段ひろば」と名付けられた緑地として整備され、牛ヶ淵の堀側にも遊歩道が整備されて歩行者空間となり、多くの人々が憩える場所となった。その「九段ひろば」のパーゴラのデザインも九段会館のデザインを反映しているようにも見える。

ともあれ、良かれ悪しかれ様々な出来事の場面であった九段会館の歴史がこうしてつながれた。この地は江戸城以来の深い歴史を残しており、地下3階まで設けるための基礎工事には遺構の出現がないか注意され、堀端の石垣の保存などにも留意されたと聞く。成熟した社会の歴史ある場所の工事にはそうしたことがつきまとうものであろうが、とりわけこの場所にはそれが当てはまるであろう。多くの人の尽力によって、90年足らずの近代の遺構もこうして長い歴史につながった。もって瞑すべきであろう。

牛ヶ淵の堀から見た外観。左手前が保存部分。

北側の正面入り口部分。高層棟のファサードのデザインが保存棟の窓割りと呼応しているようにも見える。

内堀通り側の東側外観。

外壁細部。大小のタイルが上下交互に張ってあり、凹凸がつくられている。一部に見られるやや明るい色のタイルが新しいタイルで、多くの古いタイルにはピンが打ってある。

玄関部分。手前に見えるのはバリアフリーの設備。

もとの屋上の瓦葺き屋根。瓦の色も微妙に違う。右に見えるのがガラスのフェンス。

妻先端の鬼瓦が新築棟と向き合っている。

最も広大な宴会場「真珠の間」。2枚の壁画と丸く突き出したバルコニーが印象的。

「真珠の間」と同じ広さだが天井が少し低い「鳳凰の間」。

保存棟から新築棟へと入った部分。雰囲気が漸進的に変わるように意図されているように思われる。「レトロモダン」と称されている。

旧網干銀行　湊倶楽部

兵庫県の姫路市は、城と書写山円教寺ばかりが名高いが、もちろん近代の歴史的な建物も残され活用されている。明治から大正にかけて建てられた陸軍第10師団の煉瓦造の建物群が姫路市立美術館となっているし、1930年に建てられた逓信省姫路別館がレストラン・結婚式場「姫路モノリス」として活用されている。これらは城に近い市の中心部にあるが、ここにとりあげたいのは市の南西部の網干区にある建物。網干区には明治期に建てられ、保存され、公開されているダイセル化学工場の外国人技術者のための2棟の洋館「ダイセル異人館」がよく知られているが、そこからそれほど遠くないところにあるレストラン「旧網干銀行　湊倶楽部」が今回の対象である。

この建物は木造小屋組みの煉瓦造の2階建てで、その名が示すように当初は網干銀行の施設であった。「湊倶楽部」の「湊」はかつての網干港(いまは姫路港の一部をなす)に因むもので、あるいは人々の憩える場所という意味もあるかもしれない。網干銀行本店だったともされるが、本店は別にあったとの説もあり、レストランの名も本店とは謳っていない。いずれにしろ本店同様の重要店舗であったことは確かのようである。建てられたのは1922年ころ。設計・施工は「田中組」と記すものもあるが不詳。なんらかの建築家の関与はあったものと思われる。網干銀行自体の創立は1894年に遡り、1930年には三十八銀行となるから、この建物の網干銀行としての時期は意外に短い。ついで1936年には神戸銀行網干支店となり、1965年には銀行施設としての使命を終える。

その後、婦人服飾店「タケダ」（竹田宗之氏経営）として使われた長い時期があったが、その店も２０１５年に閉店、建物は売りに出される。地元の歴史と景観とまちづくりを研究するグループがこの建物の行く末を心配していたが、帰省中にこの建物が売りにだされていることを知った大学院生によるＳＮＳ上の懸念のつぶやきに応じて、大学院生の知人の地元姫路の経営者鵜飼司氏がこれを購入、２０１９年にレストランとしてオープンしたということで、心温まる話である。なお、婦人服飾店「タケダ」時代の２０００年にこの建物は姫路市の都市景観重要建築物に指定されている。

さて、レストランへの改修であるが、これが復元的に実施されている。婦人服飾店時代には前面にアーケードがあったようだが、それも取り払われてこの建物のシンボリックな外観がより目立つようになった。改修施工は地元姫路の施工会社コンフォートによるものであるが、設計には鵜飼氏の意図が大きく反映しているらしく、鵜飼氏とコンフォートの建築士の共同設計といったところであろうか。煉瓦の壁も補装されずに剥き出しにされたところがたくさんあり、建物の歴史や仕組みを実感しながら食事をするということになる。きれいではないかもしれない壁面を見ながらの食事を嫌う人もあるとは思うが、どうもこちらのほうがリアル感があって好まれるらしい。かつての金庫室も、いまはワインセラーである。ステンドグラスが新たに挿入されたところもあるが、これはまあご愛敬。地元の人の希望と願いに応じた地元経済人の尽力によってこの建物は生き延び、２０２２年に百周年を迎え、その催しも行われたという。

ドームの塔屋を戴くシンボリックな外観。外壁はタイル張りで、高い腰は石積み。

塔屋部分細部。ドームは銅版葺きであるが、他はスレート葺きらしい。

正面外観細部。ペディメント下部のプレートも右から左に記されている。

正面右に新設されたトイレ。外壁の腰のデザインは既存の外壁のものに合わせている。

1階内部。レストランの主要部分。

1階内部。内壁の一部が剥き出しになっている。木煉瓦《もくれんが》もそのまま見せている。

1階の奥の部屋。ここも内壁は剥き出し。

ワインセラーとなったかつての金庫室。

2階の天井。 格天井の中央を一段高くして、そこから照明器具をつるしている。

2階の部屋。手摺りのデザインもオリジナルのように見える。

ONOMICHI U2

尾道は「映画の街」として知られているが、海と山にはさまれた坂の街というロケーションの良さに加えて、歴史を経た建物がたくさん残され古きよき景観が維持されていることもその理由であろう。時間の魅力を加えたそれらの建物の多くは伝統的な和風の住宅であるが、地元の観光マップには「ガウディハウス」と名付けられている住宅もあって驚いた。これも普通の和風の住宅であるが、敷地の高低に応じた凹凸がアクロバティックで華麗で、その名がつけられたようである。

もともと尾道は、「尾道水道」と呼ばれる狭い海峡に面した海運の商都として栄えた街であったが、「瀬戸内しまなみ海道」の開通により陸路によっても四国と結ばれたことにより、「瀬戸内の十字路」とも称されることになった。それに応じて「しまなみ海道サイクリングロード」という長距離のサイクリングロードの起点となるに至った。そのサイクリストのための施設となることを兼ね、街の活性化も目標に設けられたのがこの施設「ＯＮＯＭＩＣＨＩ Ｕ２」である。「ＯＮＯＭＩＣＨＩ Ｕ２」の「Ｕ２」は、この建物が広島県営の２号上屋《うわや》であったことに因む。すなわち県営の護岸の２号倉庫で、鉄筋コンクリート造の平屋。建てられたのは１９４３年。戦時中である。１号上屋は鉄骨造だったらしいが解体された。２号と同形同大の３号上屋はいまも現役。設計はおそらく県の営繕であろうが、不詳。施工も不詳。保存活用された際の報道も、リノベーションに関わった建築家や施工会社は書かれているが、創建時の建築関係者には一切触れない。つまり、この建物はその由緒の知名度の故に保存活用されたのではない。あるいは、戦時中の希少な大規模倉庫の遺構であるという意識もあったかもしれないが、もっぱら機能を優先して建てられ、シンプルにひっそりたたずむ広大な倉庫を活用しない手はないといった発想であったであろうか。活用のアイデアは、2012年に県によって公募型プロポーザルに付され、それを勝ち得たのが福山市に拠点を置く海運・造船を基盤とした常石グループで、この倉庫などの活用のために同グループはTLB株式会社を尾道に設立し、その会社の傘下にこの「ONOMICHI U2」がある。オープンは2014年。

サイクリングロードの起点の施設であるから、「ONOMICHI U2」は前面にサイクルショップがあり、後方に自転車ごと泊まれる「HOTEL CYCLE」という名のホテルがあり、その中間にカフェ・レストラン・バー・ベーカリー・ライフスタイルショップがある。リノベーションの設計は、広島に本拠を置く谷尻誠氏と吉田愛氏のSUPPOSE DESIGN OFFICE、施工は福山市の大和建設。そのリノベーションのやりかたであるが、表面はあまりいじらず、海風にさらされて時間を経た雰囲気をごく自然に保持している。建物の持ち主はいまでも県であるから当然とはいえ、「県営2号」という古い表示はそのままで、下のほうに「U2」というしゃれたロゴマークがつけられている。内部もあまり手が加えられていないが、ホテルの部分は鉄骨で2階が設けられている。倉庫の故にそれほど明るくはないが、非常に軽快でクールでスマートなリノベーションで、軽装でスピーディーに移動するサイクリストたちにはまさにピッタリの場所のように思える。

東側外観。左の方が海。はげかかった「県営2号」の表示はそのまま。右隅の柱にチョコレート色の表示板がつけてある。

海側のファサード。出入り口の部分にはシンプルなポーチが設けられている。

護岸と海側のデッキ。数十センチの高さのこのデッキは新設されたもの。後方に3号上屋が見え、船も泊っている。

陸側のファサード。貨物の搬入のための深い庇がある。

内部。入り口部分のサイクルショップ。

内部。レストランとバーの部分。

内部。柱梁は華奢で、ところどころに明り取りのトップライトがある。

ホテル部分。右側にフロントがあり、階段の左右に部屋が設けられている。

ホテルの2階部分の見上げ。天井も塗装されていない。

ホテルの客室のそばに置かれた自転車。

オーベルジュ豊岡1925

兵庫県の但馬地域の中心都市である豊岡市は広大で、城崎温泉や出石の城下町など市の中心部から離れたところに多くの観光スポットがあるが、中心部にも洋風の歴史的な建物が残されて活用されている。それらはすべて1925年以降の建設になるものであるが、同年5月にマグニチュード6・8の直下型地震があり、市は壊滅的ともいうべき被害を蒙ったからである。これは「北但大震災」と呼ばれるが、関東大震災の2年後のことであった。その震災復興のシンボル的な存在が1927年に建てられた豊岡市役所(原科建築事務所設計、大阪橋本組施工)で、この建物はほぼ同じ敷地内に新しい市庁舎が建てられるに際して2012年に曳家をされているが、リニューアルされていまは「豊岡市役所稽古堂」として健在。その向かいにあるのが、この「オーベルジュ豊岡1925」であり、山陰本線の豊岡駅に発する「大開通《だいかい》」という中心の通りの南北に「豊岡市役所稽古堂」と向かい合って立ち、震災復興のもう一つのシンボルとなっている。「オーベルジュ豊岡1925」は、「オーベルジュ」という名が示すようにホテル兼レストランである。「1925」は震災の年を示しており、建設年ではない。建てられたのは1934年、兵庫県農工銀行豊岡支店としてであった。鉄筋コンクリートの2階建てで、主屋の背後に付属屋がある。設計は渡辺節建築事務所で施工は清水組。兵庫県農工銀行は1937年に日本勧業銀行に吸収されているから、この建物が兵庫県農工銀行としてあった時期は非常に短い。その後、日本勧業銀行、山陰合同銀行などの支店を経て、2005年からは豊岡市庁舎南庁舎別館として用いられ、2012年からは豊岡市まちなみ交流館となり、そして2015年からは「オーベルジュ豊岡1925」となったということである。市役所別館時代の2006年に国の登録文化財となっている。

このホテル兼レストランを運営しているのは、歴史的な建物を活用しているバリューマネージメント（VMG）という会社であるが、この会社は同じく全国の古い民家などをNIPPONIAという名のホテルにして運用している株式会社NOTE、および両社の発祥の地が関西であることもあってJR西日本も加わって、三社で提携しているから、グループで歴史的な建物の利活用をしていることになる。バリューマネジメントもNOTEもリノベーションを担当する専属の建築家を要しているわけではないようで、リノベーションはそれぞれの地方の建築家が担っているものと思われる。この「オーベルジュ豊岡1925」は同じ兵庫県の丹波篠山市の才本建築事務所が関わっており、施工は地元豊岡の友田建設である。

さて、そのリノベーションの模様であるが、あまり手を加えずに自然な形で行われている。金庫室も保存されている。大部分が吹き抜けの高い天井の内部も広々としており、内装も概ね歴史と特産物を想起させるものになっている。柳行李がルーツだという特産の豊岡鞄を積んだ上に置かれた時計は地震発生の時刻を示している。豊岡市まちなみ交流館時代の伝統が引き継がれていることもあるのだろうか。ホテルの客室の内装も梁が剥き出し。少しも派手なところがなく、静かで落ち着いていていて非常に好感がもてる。まさに震災復興の生き証人たり得ているものと思われる。

大開通側の外観。大オーダーの付柱もあり古典主義様式ではあるがタイル張りであり、屋根も洋瓦葺きのようで、少しスパニッシュ風のところもある。

側面の外観。隅は石積み。右奥が付属屋。

背面の外観。付属屋には増築部があって、それを取り去った後に新しいタイルが張られているものと思われる。

正面入り口。“HOTEL 1925”と小さく付け加えられた以外は当初のまま。

正面入り口の上部欄間。

内部主室。左が正面入り口、右に二階がある。中央に見える街灯は昔の街灯であろうか。

二階席。左が吹き抜けの部分。

別室。テーブルも歴史を感じさせる。

ホテルの部屋。梁も天井も剥き出し。

金色の豊岡鞄が5個積まれて、その上の時計は地震発生の時刻11時11分を示している。

河南ビル

神戸の三宮駅と元町駅の間を南北方向に走るトアロードと三宮本通商店街が交差する角地にこの河南《かわなみ》ビルはある。建てられたのは1935年ころとされ、鉄筋コンリート造3階建て地下1階で、アール・デコの感覚が溢れる商店建築である。表面にはベージュ色のタイルが張られ、ファサードの2階の中央に何段かに沈めて置かれた鱗模様の額縁の看板表示があり、3筋の帯模様の中に置かれた対の円窓がある。円窓は側面のファサードにも同じものが一つあり、加えて異なるタイプの円窓が3つ連続で置かれている。さらに内部の階段の側壁に、きわめつきとも言うべき円弧と直線を組み合わせた複雑な模様の鉄細工を伴った円形開口部がある。設計は原科建築事務所で施工は竹中工務店。原科建築事務所は原科準平（1881-?）が1920年に神戸に開いた設計事務所。工手学校卒業の原科は静岡県の出身であるが、神戸との関わりは大蔵省臨時建築局神戸支部勤務以降であり、やがて神戸に事務所を設けることになった。兵庫県内を中心に仕事をしており、「オーベルジュ豊岡1925」のところで少し触れた豊岡市役所（1927年）もこの事務所の設計による。

河南ビルは、輸入アンティークインテリアを販売する河南工芸社の店舗として建てられ、長い間、その工芸社の店舗であったが、2019年に店舗は閉鎖。そして2021年に大阪に本社を置き、全国に展開している女性ファッションの企業「Mother's Industry」の神戸店となった。この企業の主力品のブランドが"mizuiro ind"であり、いまは"mizuiro ind"の店として知られている。河南ビルと「Mother's Industry」を結びつけたのがリーフクリエーションという名の不動産活用・売買の地元の会社で、リノベーションの設計はこの会社が行ったものと思われるが、「Mother's Industry」のファッション・デザイナーも様々な提案をしたという。施工は地元の山田工務店。"mizuiro ind"のキャッチコピーに「飾らない人（Simple）、自分らしく服を楽しむ人（Ageing）、こだわりのある人（Personal）に向け、シンプルでコーディネイトしやすいJapanese Tradを提案する」とあるが、さて、このビルのリフォームはこのキャッチコピーと呼応しているであろうか。

側面も含めてファサードはよく保存されている。ただし正面ファサードの1階は、ほぼガラス張りに変えられている。といいつつ中央の入り口の木製の扉は残されており、側面のタイル張りの壁もガラスにくっつくように迫っている。内装もあまり手を加えられず、天井の塗装もそのまま。まさに「飾らない」「シンプル」「こだわりのある」精神そのままである。正面ファサードのガラスに変えられた部分の上に残された壁は、ガタガタに不揃いにカットされて剥き出しのままに置かれ、放置されているようにも見える。ここまでやるかと驚かされたが、建築の部材もテクスチャーも服装の生地や色と呼応すべきだという主張であろうか。既存の壁の要所は鉄骨のブレースで補強されているようであるが、それは見えないようになっている。殺風景ともいうべき内装で、目を引いたのが内部の奥の柱の下部がタイルなどで補修されていることで、その塗装は"mizuiro ind"ならず、草色。ともあれ、1930年代の典型的な商店建築があまり手も加えられず自然な雰囲気で残されたのであり、同慶の至りである。

トアロード側の外観。左側は三宮本通。看板はいまも「河南工藝社」であるから、ビルのオーナーはいまも同じなのであろう。

三宮本通側のファサード。四角の窓の上部欄間に微妙な鉄細工が見られる。

正面入り口の保存された木製の扉。

正面ファサード1階のガラスに側面の壁が迫る。

内側に残る正面ファサードの壁。鉄筋も2本突き出している。

内部1階。天井の塗装も手を加えられていない。

内部1階。階段の側壁に円形の開口部。手前の柱の下部が補修されている。

内部2階。やはり天井や梁には手を加えられていない。

2階に至る階段。通用階段ではなく客も使うメインの階段。

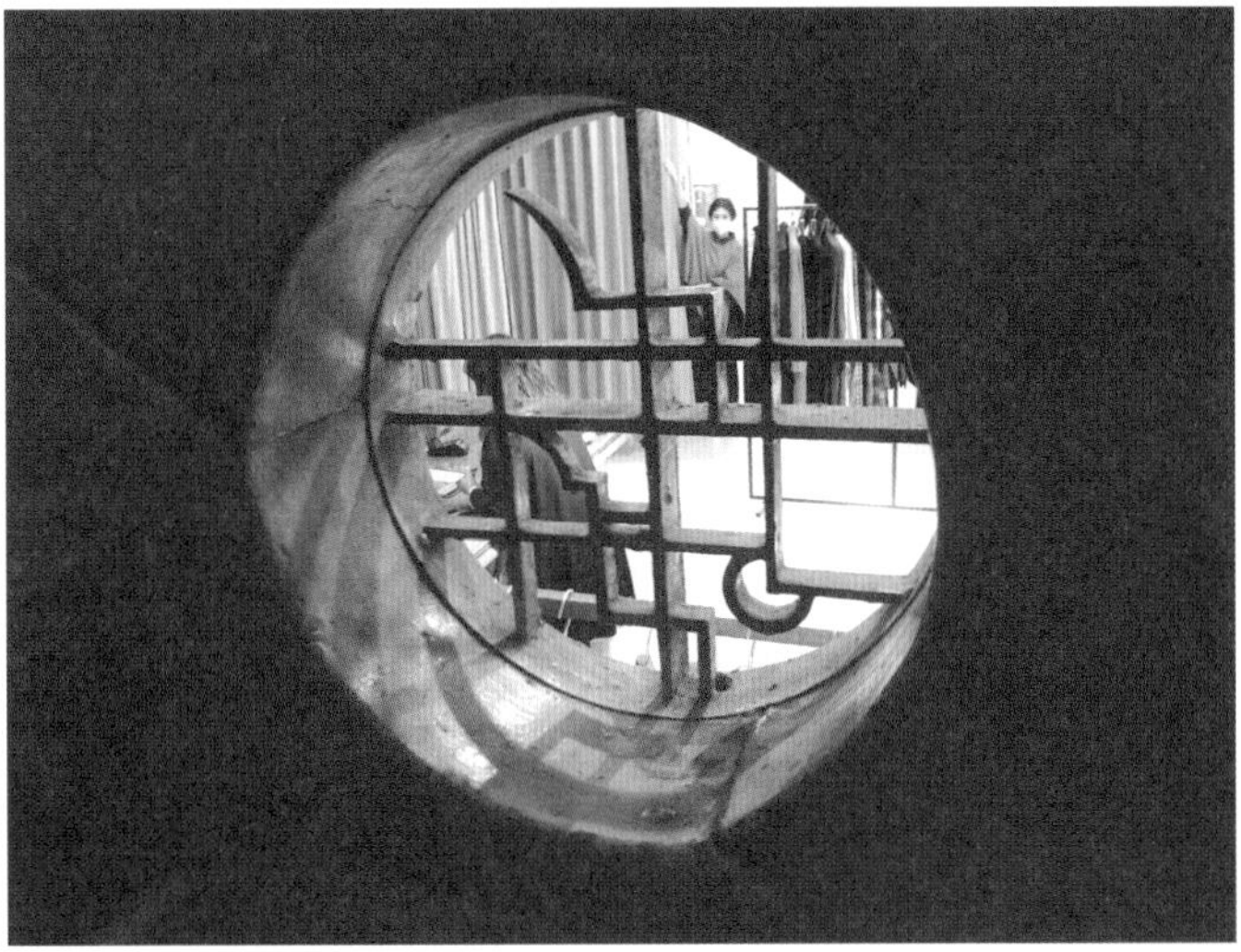

階段側壁の円形の開口部。

郵便名柄館

奈良県御所市《ごせ》は、奈良県と大阪府と和歌山県の県境が交わるところの近くに位置するが、名柄はその御所市の中心からも少し離れたところにある集落であり、二つの主要街道が交差するところにあって、古くから宿場町として栄えてきた。いまも豪邸ともいうべき伝統的で立派な建物がいくつも見られる。その伝統的な歴史のある街並みにポツンと入り込んでいるのが、この洋風の「郵便名柄館」である。寄棟瓦葺き、下見板張りの木造平家で、1913年に名柄郵便局として建てられた。設計・施工は不詳のようだが、地元の大工によって建てられたものと見なされている。「郵便名柄館 Tegami café」と名付けられ、カフェ・レストランを兼ねた郵便資料館として2015年にオープンした。歴史のある郵便局の建物をカフェ等にして活用を図った同様な例は、兵庫県福崎町に「妖怪ブックカフェ」という名付けられたもとの辻川郵便局がある。これも大正期1923年の建物で、「妖怪」と「ブック(本)」は福崎町が柳田国男の故郷だからであるが、これも行って見たが休館中であった。郵便名柄館のほうは健在で、いまも多くの人がランチ(地元のコメと野菜を用いた「テガミランチ」)を食べに訪れているようである。行った際にも、タクシー2台に分乗して来られた数人の老婦人のグループに出会った。

名柄郵便局が郵便名柄館になるに至る経緯も話題性に富んでいる。1975年に200メートルほど離れたところに新しい郵便局ができてからは、この建物は長く空き家だった。しかし、地域の人々の建物の存続を願う思いは強く、「局舎設立100周年」を期に、この建物の再生プロジェクトが始まった。建物の所有者は隣家の池口家であり、同家から御所市に無償譲渡されたが、池口家は作家堺屋太一（１９３５－２０１９本名は池口小太郎）の実家であった。堺屋の生まれは大阪であるが、小・中学校の一時期を名柄で過ごしたという。そうしたこともあり、このプロジェクトに果たした堺屋の役割は大きいようで、この建物再生と同じ２０１５年に始まり、この建物が応募先となり表彰式もそこで行われている「はがきの名文コンクール」の実行委員代表も彼が務めている。また、背後の敷地が整備されて「郵便庭園」となっているが、その中央に置かれた郵便配達夫の像の台座にも彼自身の詞が刻まれている。

実際に建物の歴史的な調査を行ったのは郵政博物館と日本郵政株式会社近畿施設センターで、改修設計は奈良県にある畿央大学の三井田康記研究室。御所市も設計・施工監理を行っている。施工は地元御所市のゴセケン（かつての名は御所建設）。この建物は、「郵便庭園」も含めて２０１６年に奈良県景観デザイン賞を受賞している。

さて、その改修ぶりであるが、おそらく復元的に行われたのであろう。１９６３年までは電話交換業務も兼務していたので、その電話ボックスも復元されており、かつての郵便局の雰囲気を残しつつ快適なカフェのスペースがつくりあげられている。外壁はピンク色に塗られているが、これは人々の記憶によるものという。内装はほぼ真っ白。入り口付近や壁際に、郵便物を運んでいた人車や木製ポストや古い絵葉書などの郵便資料が展示されている。

古い街並みに入り込んだ外観。奥の隣が堺屋の実家らしいが、手前の家も池口家。一番奥に見えるのは寺院。

外観。手前の壁に由緒を記した掲示板がある。

正面入り口。“closed”とあるのは、開店時刻の前だから。

入り口の庇下部の垂れ飾り。

庭園側の外観。「郵便庭園」に出られるようになっている。

「郵便庭園」。郵便配達夫の立像の台座に堺屋の詞(「郵便は　歓びをつたえる　絆をふかめる　思い出をつくる　それは今も　ここにある」)が刻まれている。

内部。壁周辺に郵便資料が展示されている。

内部。左が庭園側。奥がカフェの厨房。

「公衆電話」のボックスが設けられている。電話機は左手で受話器をあて、真ん中で話すタイプのもの。

上げ下げ窓に、天井から吊り下げた照明器具。

洲本市立洲本図書館

近代日本の繊維産業を支えた企業の一つ、鐘淵紡績（カネボウを経て現在クラシエ）の発祥の地は東京であるが、1900年に兵庫県淡路の洲本市にも大きな工場を設けて進出する。1896年創立の淡路紡績を吸収合併したもので、既存の工場を第一工場とし、第二工場以下、第五工場まで次々に煉瓦造の新しい工場を建てていく。それらの煉瓦造工場群は1986年に営業停止に至るが、洲本市とカネボウによる官民一体の事業として一部の建物が保存活用され、洲本市民広場を形づくり、往時の活力あり同時に優雅な景観をしのぶよすがとなっている。また、残された建物の存在が、周囲に新築された公共建築のデザインにも影響を与えているようにも見え、興味深い。

保存活用されたのは、いずれも1909年竣工の第二工場の本館の一部と汽缶室と原綿倉庫、それに1920年竣工の第三工場汽缶室。これら四つの建物群は、現在、アトリエ、ギャラリー、レストラン、特産品販売店などとして用いられている。いずれも煉瓦造の平屋もしくは2階建て（一部4階）であるが、1909年のものは小屋組が木造、1920年のものも主体は木造であるが一部は鉄骨造で、同じ煉瓦造といっても構造的な発展の跡がうかがわれる歴史的な史料ともなっている。これら四つのうち、ここで取り上げるのが、第二工場の本館の一部をコンバージョンして市立の図書館にした洲本図書館で、それまで公民館の一部にあった図書館を移転させたものである。

洲本市立の図書館にはもう一つ五色図書館があるので、正確には洲本市立洲本図書館となる。

煉瓦造平屋で、竣工は既述のように1909年。設計は横河工務所で、施工は竹中工務店。図書館へのコンバージョン工事の竣工は1998年で、設計は鬼頭梓建築設計事務所（担当は佐田祐一）で、施工は同じく竹中工務店と地元洲本の柴田工務店。実は、この洲本図書館は、保存活用された四つの煉瓦造建物群の中でも、単純に判断すれば最も保存度の低いものであり、それに保存活用された時期もこのシリーズで取り上げているものより少し遡るものであるが、保存活用の歴史をふりかえる際の実例としても興味深いのでここにとりあげた次第である。

保存度が低いとしたのは、おそらく木造の鋸屋根であったろうオリジナルの屋根架構をすべて撤去しているからで、極端にいえば煉瓦の壁しか残していない。煉瓦の壁の中に鉄筋コンクリート造のボックスを容れこんだような形になっており、ここでは煉瓦はその素材のテクスチャーのみが重要視されているように見える。図書館としての機能と構造が優先されたためであろう。煉瓦造の部分の開口部に補強されたコンクリートのフレームもかなりごつい。しかし、解体された部分の煉瓦は、随所に再利用されており、図書館の前庭にはその煉瓦が敷き詰められている。不思議な魅力をもつ入り口の高い煉瓦造のブロックも保存されている。煉瓦造の建物の魅力は、単に煉瓦の質感と色彩に基づくだけのものか、その重厚な躯体のボリューム感によるものか、あるいはまた一時代の主力となった構築物の歴史性によるものなのか、煉瓦造の力の根源を考えさせられる事例である。

正面外観。手前が市民広場で、左奥が旧・汽缶室。中央に見える高い無窓のブロックが不思議な魅力をもつ。

側面外観。所々にコンクリートのフレームを備えた開口部を設けている。新築部分の仕上げの色彩は煉瓦造に呼応させたか。

背後の塀。塀を自立させるために上部にコンクリートの横架材をまわし、タイロッドでつないでいる。

前庭から見た正面入り口。打ち放しコンクリートの力感を示そうとしたか。

解体で残された煉瓦の再利用による塀に設けられた開口部。これを微笑ましいと見るか、やり過ぎと見るか。

裏庭。煉瓦造の塀で取り囲まれているのがわかる。

前庭から新築部分を見たところ。地面には解体時に残した煉瓦が敷き詰められている。

内部。煉瓦造の壁と鉄筋コンクリートの構造体の取り合いの部分。

内部。煉瓦造の壁を残したためか、より多くの採光のために天井はトップライト。

内部。煉瓦とガラスの競合。

舞鶴赤れんがパーク

京都府舞鶴市を旅行していると、しばしば古そうな赤煉瓦の建物に出くわす。おそらく、これらもすべて旧・海軍舞鶴鎮守府に関わるものであろうが、大きな赤煉瓦の建物が集中的に見られる場所が、市役所のそばのかつて海軍軍需部本部があったところ。舞鶴鎮守府の開設は1901年であるが、そこにはそれ以降に建てられた明治期から大正期にかけての煉瓦造の建物が12棟あり、それらが「赤れんがパーク」を形成している。12棟のうち8棟が2008年に国の重要文化財に指定され、そのうち5棟が内部も公開され、様々な活動の場所となっている。

公開されている5棟は、まず1号棟がもとの魚形水雷庫でいまの赤れんが博物館。1903年の竣工で、改修後の開館が1993年。2号棟がもとの予備艦兵器庫でいまの舞鶴市政記念館。1902年の竣工で、改修後の開館が1994年。3号棟がもとの弾丸庫並小銃庫でいまのまいづる智恵蔵。1902年の竣工で、改修後の開館が2007年。4号棟がもとの雑器庫並預兵器庫でいまの赤れんが工房。1902年の竣工で、改修後の開館が2007年。5号棟がもとの軍需部第三水雷庫でいまの赤れんがイベントホール。1918年の竣工で、改修後の開館が2012年。これらは、いずれも舞鶴市の所有で、公開されていない重要文化財の残る3棟が国の所有。これらの煉瓦造はいずれも2階建て、小屋組は1号棟のみ鉄骨で、他は木造のトラス。規模としては5号棟が最も大きく、1号棟が最も小さい。2・3・4号棟はその中間の同形同大で、川の字型に3棟並んで建つ。国所有の3棟も同形同大で、これは縦列に並ぶ。これらの建物の設計は臨時海軍建築部支部および舞鶴鎮守府経理部建築科で、担当者は橋本平蔵や武藤貞吉らだとされており、施工は直営だという。

そして、それぞれの棟をどこが改修を行ったかについては調べ切れなかったが、わかったことを記すと、1号棟は設計が乃村工藝社と舞鶴市で、施工が地元の藤本工務店。3号棟は設計が(財)建築研究会で、施工が竹中・西建・カモタ特定建設工事共同企業体。2号棟の改修設計はマツダコンサルタンツらしい。4・5号棟の改修設計は文化財保存計画協会で、5号棟の施工は地元の坂根工務店らしい。

公開されている5棟は、既述のように1993年から2012年にかけて保存活用されてきたわけであるが、それぞれの棟にそれぞれの担当者があり、一貫したデザイン・ポリシーは感じられない。全体を通して対応してきたのは舞鶴市であろうが、市自体も最も良い方法を模索してきたということであろう。大雑把にいえば、1・2号館は訪問客向けの少し華やかな意匠をも加味しようとし、4・5棟はより地味な保存を優先し、3号棟はその中間といえるであろうか。たとえば1号棟のゲートはやや遊園地のもののようでもあるし、2号棟は入り口にガラスの破風を設け、屋根にドーマーウィンドーを付け加えている。つまり、このこの5棟の20年間の改修の変化が時代の変化そのものを表しているようで、興味深い。時代は、単にノスタルジックな情緒と雰囲気を味わうところから学術的でリアルな歴史そのものを尊重するという方向へと変わってきたと言えるであろう。

「赤れんがパーク」の入り口部分。左が5号棟、右に三つ並んでいるのが右から順に2・3・4号棟。

2・3・4号棟。倉庫の前に鉄道の線路が敷かれており、レールは倉庫の中まで通っている。2号棟妻面入り口にはアール・ヌーヴォー風の庇が付け加えられている。

左が3号棟、右が4号棟、奥が5号棟で、このスポットからの写真がよく撮られている。

2号棟。入り口にガラスの破風が付けられ。ドーマーウィンドーも付加されている。3号棟と連絡する屋根付きの通路が設けられている。

雨水を受ける樋受け石も多くはそのまま使われているが、時に忠実に復原されている（写真は3号棟）

5号棟の内部。中をレールが通っている。5号棟は最も大きくて外観のプロポーションは少し不恰好だが、内部は付加された備品がなく、力強い。

5号棟の内部。煉瓦の柱と木の梁と鉄のクレーンと補強の鉄骨のコラボレーション。

3号棟内部。あまり手が加えられていない部分。

3号棟内部。新設されたエレベーターと階段。

2号棟内部。ステンドグラスが付加されている。

旧山崎家別邸

重要伝統的建造物群保存地区にも選定されている川越の蔵造りの町並みには、歴史的な洋風建築も点在し、それが意外と多く存在感をもっている。第八十五銀行本店（1918年）が埼玉りそな銀行川越支店として、そして武州銀行川越支店（1928年）が川越商工会議所として使われているし、六軒町郵便局（1927年）だった建物がイタリアンレストランとなっているし、もともとレストランだった太陽軒（1929年）もそのままレストランとして健在。これまたもともと歯科医院だった建物（1913年）が同じく中成堂歯科医院として継承されており、ファサード前面を銅版張りにした看板建築（1930年）も「手打ちそば百丈」として用いられている。しかもこれらのほとんどが国の登録文化財である。なかでも驚いたのは、もともとデパートだったところが歯科医院になっていたこと。1936年竣工の山吉《やまきち》デパートである。これはいまも山吉ビルで、歯科医院はテナントということになるが、少なくとも外観はよく保存修復されている。標示されたプレートには、2008年に行われた修復工事で、設計は守山登建築研究所、施工は川木建設株式会社とあり、いずれも地元川越の組織のようである。3階建ての今日からすれば非常に小さなデパートであるが、はなはだ興味深いと思いつつ、さすがに中をウロウロするわけにはいかなかったので、ここではいまは川越市の施設になっている旧山崎家別邸をとりあげる。

旧山崎家別邸は、老舗の菓子店「亀屋」の五代目、山崎嘉七（1869-1927）の隠居所として1925年に建てられた。中央通りを挟んで逆側のほど遠からぬところにある本宅は蔵造りで、その一画は四代目を顕彰する山崎美術館となっている。別邸の設計は保岡勝也建築事務所で、施工は川越の印藤順造（1884‐?）。保岡勝也（1877‐1942）は東京の出身であるが、五代目の知遇を得て、川越に四つの建物を設計しており、先述の第八十五銀行本店も山吉デパートも彼の設計になる。また、第八十五銀行本店の施工も印藤順造である。

この建物は、2000年に川越市指定文化財となっており、2006年にその敷地を川越市が買い取り、建物は寄贈されて保存され公開されることになった。保存修復はプロポーザルに付されて、協同組合伝統技法研究会が実施。施工は地元川越の会社である小建で、庭園の保存整備も地元の田島造園。保存修復工事の竣工は2015年。その少し前の2011年に庭園が国登録記念物名勝地となりなり、ついで建物が2019年に国の重要文化財となっている。

この建物は和洋折衷の木造2階建ての住宅で、どちらかと言えば和風部分が主。洋風部分は玄関周辺に限られるが、それでもかなりのスペースを占め、玄関側から見れば全体が洋風とも見える。保存修復は指定文化財であるから当然とはいえ、非常にオーソドックスなやりかたである。階段室のステンドグラスは小川三知の作品らしく、別府七郎の仕事も見られるという。庭園内には茶室も設けられており、これも保岡勝也の設計であるが、仁和寺の我前庵の写しという。我前庵は如庵の模写であるから、この茶室のルーツは如庵ということになるだろうか。保存修復の時期と同時に管理棟が新築されているのだが、これはプロポーザルと関係がないようだが、旧山崎家別とはまったく無関係につくられていて少し残念。

北側のアプローチ側の全景。右側が洋館部。

西側の玄関部分。富豪の別邸としては質素で軽快。

洋館部の南側の庭園側。ベランダが張り出している。

玄関部分。別邸の故か、やや自由でラフな感じがする。

庭園側の全景。和館部は平屋。

庭園内の茶室。仁和寺の我前庵の写しとされる。

玄関部分の内部。随所にステンドグラスが見られる。

内部、客室。

内部、階段室周辺。2階は非公開。

管理棟。オーダー柱は別邸の雰囲気とは無関係。

旧観慶丸商店

石巻の中心街でもあり旧北上川の河岸にも近いところにある旧観慶丸商店は、実にユニークな外観をもった建物である。木造の3階建てだが、これが木造だとはにわかには見えない。角地に立っており、コーナーを丸くした二面のファサードの全面に種々様々なタイルが張ってある。まるで、壁自体が陶器タイルの展示場。それも道理で、この建物は観慶丸陶器店・石巻物産陳列所として建てられたのである。1・2階が陶器店、3階が物産陳列所である。つまりは、主として陶器を販売しつつ、他の洋品やレコードなども扱うデパートのような存在だったことになる。ただし、背後には和風の木造の棟もあり、住居も兼ねていたと考えられる。

この建物には棟札が残されており、そこには「昭和四年春三月起工　同五年春四月落成　主須田幸一郎　三十九才　棟梁　須田栄三郎　六十三才」と記されているという。したがって、1930年の竣工で、施主が須田幸一郎、設計・施工は須田栄三郎ということになる。栄三郎は幸一郎の叔父にあたるという。設計を幸一郎とする説もあり、あるいはファサードの陶器タイルの横溢をもってそう考えたくもなるが、幸一郎の意向をしっかり汲み取って栄三郎が設計したと考えるのが自然であろう。観慶丸という名は、江戸時代から「奥州随一の湊」として知られた石巻の廻船業者が使っていた千石船の名前で、幸一郎の先々代の幸助がその名の船の船頭だったことによる。船頭には帆待ち荷物で商売することが許されていたようで、幸助が船頭のかたわら陶器店を開店。当初の名前は須田屋であったが、幸助が船を降りて船頭を止めた時であろうか、船の名に因んだ観慶丸商店となる。1939年、幸一郎はこの建物を弟に譲って、自らは100メートルほど南の場所に観慶丸百貨店を建てる。これ以降、観慶丸商店は陶器専用の店舗となる。観慶丸百貨店のほうの建物自体は建て替えられているが、この場所にいまも観慶丸本店がある。

旧観慶丸商店のその後であるが、2011年の大震災で1階は浸水したが建物は無事。ついでながら、向かいに立つ鉄筋コンリート造3階建ての葛西萬司設計の旧・東北実業銀行石巻支店（1925年）も無事で、いまも第二SSビルとして健在。大震災の2年後の2013年に観慶丸商店は石巻市に寄贈され、市はこれを石巻の繁栄のシンボルとして保存活用することにし、2015年に石巻市の指定文化財とし、耐震改修工事を経て、2017年より石巻市の展示室・文化交流室「旧観慶丸商店」としてオープンに至っている。これを運営しているのは、震災復旧時に設立された一般社団法人「ISHINOMAKI 2.0」。改修工事の設計は文化財保存計画協会で、施工は山形市に本社を置き仙台支店もある株式会社たくみ。

さて、改修後の状況であるが、1階が貸しスペース、2階がこの建物の歴史を語る資料などが見られる展示スペースである。ただし、ユニークなオーダー柱がある3階は残念ながら使われていない。荷重の制限でもあるのだろうか。耐震補強は鉄骨の柱・梁・ブレースによって行われており、鉄骨と木造のコラボレーションが見られる。この鉄骨の補強により、イベントのための広いスペースが維持されている。改修自体は、その跡がわかるような自然な形で行われている。

道路側外観。全面にタイルが張ってあり、お伽の国の館という雰囲気もある。

側面外観。右側は和風棟で、住居として使われたと思われる部分。

正面のコーナー部分の細部。考えて見れば、庇の洋瓦も陶器であるから、これもまたタイルのようなもの。

外壁の腰壁の部分。竹を模したようなタイルも見られる。

1階内部。鉄骨の柱・梁が木造の柱・梁と重なるように並んでいる。

入り口部分の袖壁。仕上げをせずに構造を見せている。

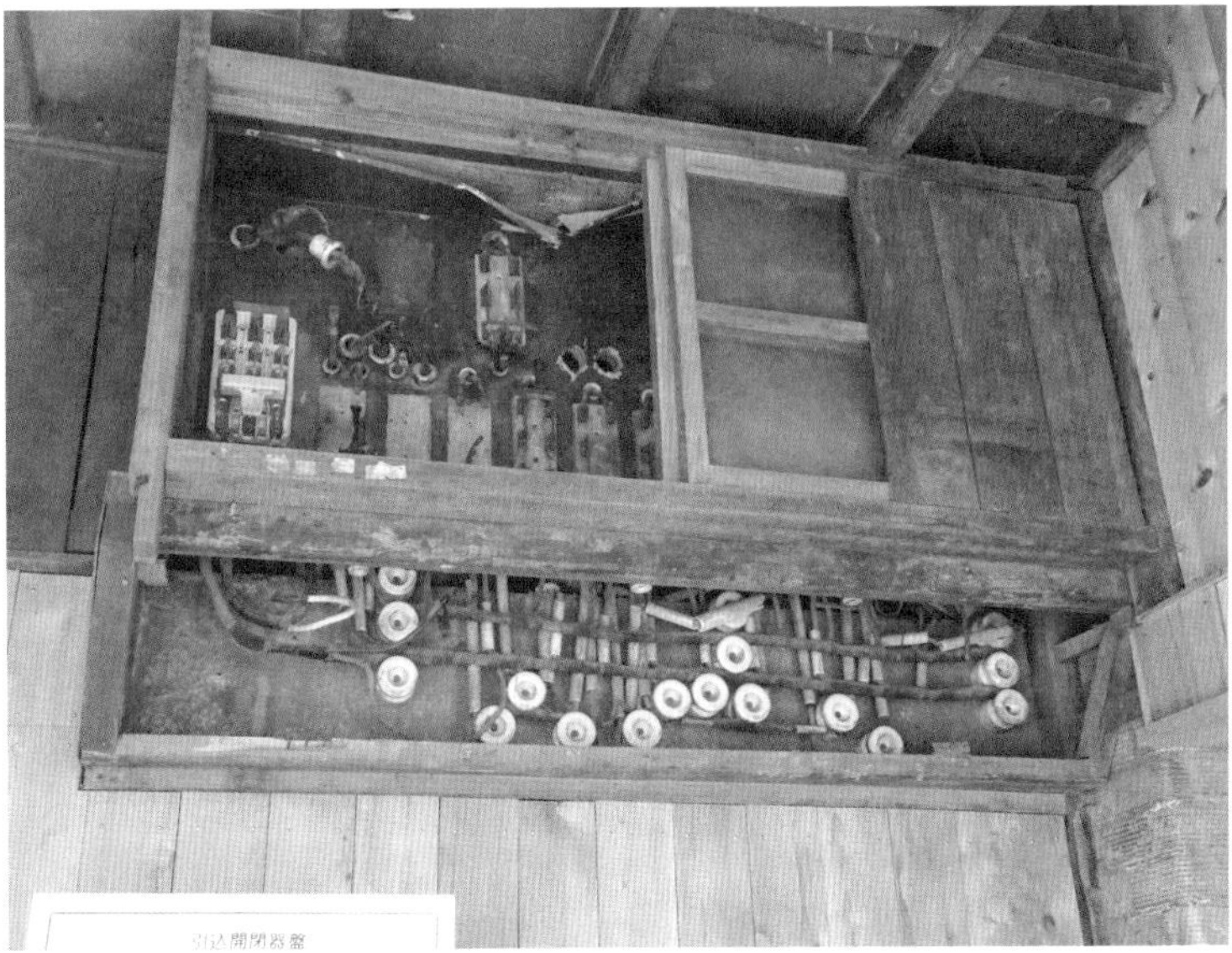

配電盤もそのまま見せている。

2階の展示スペース。もともとは格天井だったことがわかる。

2階内部。オリジナルの階段であるが、ダイナミックで不思議な構造をしている。

3階内部。中央にオーダー柱が見られる。奥の二つの円がコーナーにとりつけられた丸窓。

塩竈市杉村惇美術館・
塩竈市公民館本町分室

塩竈の中心、本町《ほんまち》通りの北側の丘には塩竈神社があるが、反対の南側の小高い丘の上に、この塩竈市杉村惇美術館・塩竈市公民館本町分室はある。当初は塩竈市公民館として、1950年に建てられた。2階建てで、1階は鉄筋コンクリート造、2階は木造らしい。戦後まもなくの時代の先端を行く公共建築である。7年後の1957年に木造平屋の大講堂が増築されて公民館と一体の施設となるが、この大講堂は木造でありながら集成材による懸垂曲線のアーチをかけた非常にユニークな建物である。

公民館の施工は鎌田工務店とされており、大講堂の設計は、当の大講堂に展示されている構造図面と矩計図には「一級建築士　松本治男」とあるから、彼が設計したものと思われる。公民館の2階も曲面のヴォールト天井となっているから、あるいは彼が設計した可能性もある。ただし、彼の事務所の住所は沼津市である。展示されている矩計図にはまた、「特許編板建築法　発明者　都築好郎」とも記されており、木造集成材によるこの斬新な建物が「都築好郎」のアイデアによるものであることがわかる。大講堂には、この構造図面に加えて、「都築市三」による特許申請に関わる文書が掲げられている。それは集成材によって簡易的にヴォールト構造をつくろうとする新案に関するもので、1951年に出願され、翌1952年に認められている。この文書の内容はこの大講堂とは直接関係しないようであるが、市三が好郎の同族の先駆者であることを示そうとしたものであろう。都築市三は1922年に中央工学校建築科を出て鉄道省に勤務、東京で自営の後に、沼津に居住している。彼は多くの特許を取っており、発明家でもあった。さらにもう一つ、件の図面には「宮城県塩竈第三中学校　体育館設計図」とも記されているから、この大講堂が体育館の目的で設計されたことがわかる。ちなみに、この公民館のある場所は１８７３年に塩竈小学校が発祥したところであり、その後身、塩竈第一小学校は少し場所を移動して、いまも公民館のすぐ南西部にある。

１９７６年に別の場所に新しい公民館が建てられた後は、この建物は塩竈市公民館本町分室となったが、２０１３年に市の有形文化財に指定されている。そして翌２０１４年に、塩竈市杉村惇美術館に模様替えをした。東北大学教授も務めた塩竈ゆかりの洋画家、杉村惇（１９０７－２００１）の作品を展示する美術館となったのである。ただし、公民館全体がその美術館になったのではなく、他の展示に使われているスペースもあり、もともとあるいくつかの和室も保持されている。美術館にする際の改修設計は、仙台の鈴木弘人設計事務所と東北芸術工科大学の竹内昌義研究室・馬場正尊研究室。施工は地元塩竈の鈴木工務店。

さて、その改修のやり方であるが、大きく改変することなく自然に行われている。そしてまた、豊かではなかったであろう創建時の時代の雰囲気を保ちつつ行われている。とりわけ、大講堂は注意深く行われているようで、集成材によって架けられた６つのアーチのうち、一つのカバーの片面はガラスになっていて、中の集成材が見えるようにされている。たしかに、これを見ないと木造のアーチであることがわからないであろう。

東側外観。1階部分に張ってある石は「塩竈石」だという。右の奥に大講堂の曲面屋根が見える。

大講堂の外観。屋根はいかにも薄い。

南側外観。公民館と大講堂の間は中庭風になっている。右端に見えるのが新設のエレベーター。

美術館内部。天井は木造の曲面天井。

1階内部。中庭に面する部分。天井は木造であるから、実際は鉄筋コンクリート造と木造の混構造であろうか。

新設のエレベーターの2階部分。

2階の和室。この部屋には床の間もある。

大講堂。この懸垂曲線のアーチが6つある。

大講堂。アーチの一つ。中の集成材が見えるようにガラスのカバーがかけてある。

大講堂。アーチの立ち上がり部分の細部。

G
E
A

山形県寒河江市のJR寒河江駅近くにこのGEAという施設はある。GEAはギアと読み、歯車のことで、なんらかの力の伝達・推進装置であることを意味する。東西に並んで立つ2棟の木骨石造からなり、1棟は梁間9・6メートル、桁行45メートルの2階建て。もう1棟は梁間10・9メートル、桁行33メートルの平屋。それぞれ「佐藤繊維旧紡績工場西棟」「佐藤繊維旧紡績工場東棟」として、2018年に国の登録文化財になっている。

つまり、この2棟の建物は、もともとは1932年創業の紡績・ニットメーカーである佐藤繊維の紡績工場であった。ただし、当地に新築されたのではなく他の場所から順次移築されたものである。まず1949年に東棟が、そして1952年に西棟が移築。創建はいずれも1934年頃とされている。もともとは山形市山寺の酒蔵であったともされるが不詳。「十四代」で知られ、「銘酒天国やまがた」を標榜する山形であれば、大いにあり得る。同様な石蔵は小樽の例が名高いが、山形にも似たような石蔵はあったらしいし、現に同様な石蔵が山形市に寄贈されて「gura」(「蔵」と人を「グラッ」と驚かせる様を合わせたものらしい)という名のにぎわい施設として2018年にオープンしたという。

かつて工場として稼働していた2棟の石蔵がGEAに変身したのが2015年。西棟を自社のオリジナル作品を含む最新のファッションを販売する「GEA1」として、東棟を国内外のおしゃれな日用品を販売する「GEA2」と、「レストランGEA0053」と「和食処　弦円庵」が入る「GEA3」に改装したのである。ちなみに、レストランの名の「0053」は当地の郵便番号991-0053に基づく。まさに佐藤繊維の、ひいては寒河江の推進ギアたらんとしたのである。改修設計は東京の平山学氏が率いるスペースデザイン事務所タイプセブン、施工は地元寒河江の布施建設。そして施主が佐藤繊維の当主、佐藤正樹氏ということになる。佐藤繊維の本社はいまもGEAの隣地にあり、寒河江市内には他の工場もある。同時に東京・大阪にも事務所や出張所を設けている。

さて、この2棟の建物、外壁は全面石積みで、いかにも重厚そうに思えるが、意外と軽快・スマートでしっとりと風景に溶け込んでいる。もっとも、訪れた時は生憎の降雪で、あまり周囲をうろうろできなかった。石は大谷石と同じような凝灰岩で白く、所々に褐色の斑が入っている。2段の石を迫り出して積んで軒廻りに繰形を設けている(これを鉢巻という)。小屋組は木造のキングポストトラス。屋根は切妻で鋼板葺き。改修により、多くの窓は1枚ガラスの嵌め殺しとなり、出入り口は鋼製の扉となったが、外観の旧状は保たれている。内部もまた、鉄骨で補強され、新しい階段が設けられ、ガラスの仕切り壁などが新設されているが、オリジナルの木造の細部なども保存されている。なかでも驚いたのが「GEA1」でファッション品を、かつて紡績に用いられていた機械や台の上に置いていることで、ここにはかつてここが紡績工場であったことを示す道具立てがあり、その重さと古さが最新の軽快なファッションと不思議なコラボレーションを発揮しているのである。たしかに、ここは寒河江のギアたり得ている。

全景。右が西棟で「GEA1」、左が東棟で「GEA2」と「GEA3」。

「GEA2」の入り口。左の扉に歯車が描いてあり、扉の上にも歯車がとりつけられている。

「レストランGEA0053」の入り口。手前の窓の扉にも歯車が見られる。

「レストランGEA0053」の内部。

おしゃれな日用品を販売する「GEA2」の内部。

「GEA1」の新しく設けられた階段。左右に木材の梁が残されている。

「GEA1」の2階。ガラスのパーティションが設けられている。

「GEA1」の内部に保存されている紡績機。

「GEA1」の内部。機械の台の上のファッション品。

「GEA1」の内部。保存された木材の梁の端部。

TETUSIN DESIGN

RE-USE OFFICE

九州大学箱崎キャンパスの伊都キャンパスへの移転は2018年に完了したようだが、モニュメンタルなもとの本部事務棟と工学部本館の2棟の一画が保存されて箱崎サテライトとなり、総合研究博物館や大学文書館として公開され、この一画の門や門衛所などの整備工事がいまも行われている。逆にいえば、この2棟周辺以外はすべて解体・撤去の止む無きにいたったわけだが、実はもう1棟、ごく普通ではあるが、キャンパスには欠かせない施設であった建物が部分的に移築されて新しい用途の建物となり、かつてのキャンパスの記憶をエキセントリックな形で伝えている。それがこのTETSUSIN DESIGN RE-USE OFFICE、カタカナにするとテッシン・デザイン再利用事務所で、「テッシン」はこの事務所の主宰者、先崎哲進氏の名前に因むものと思われる。この事務所は半ばは個人の住宅であるが、主にはオフィスであり、そのユニークさ故にとりあげるのも許されるであろう。

この2階建ての建物は、驚くなかれ、切妻の面の半分を垂直に切り取って、切り取った半分は鉄骨の骨組みだけになっている。大胆というか、アクロバティックというか、人を仰天させるに十分である。しかも敷地は、由緒ある筥崎宮の参道わき。もともとは現敷地より800メートルほど北方にある九大箱崎キャンパスの隅にあった1928年創建の木造2階建ての学生食堂であった。設計は九州帝国大学建築課で、残された図面には技師の欄に「小原」の押印が見える。九大キャンパスの父ともいうべき倉田謙(1881-1940)はまだ課長として在職していたが、この頃新たに小原節三(1897-1953)が技師として加わっていた。この建物はその後いくどか用途をかえ、解体前は松浜厚生施設と呼ばれる大学生協の施設であった。解体は2019年で、デザイン事務所としての竣工は2021年。設計は平瀬有戸・平瀬祐子両氏が主宰する福岡の建築事務所「yHa architects」で、施工は同じく福岡のイクスワークス。この仕事はデザイン事務所と建築事務所双方の密接な共同によってなされたものと思われる。

切り取られなかった方のファサードは、解体の際に大学から譲り受けたというかなりの量の部材を使って忠実に復元されている。これを設計者は「選択的移築と再構築」と呼んでいるが、部材も調査しつつ「選択的」に選んだということであろう。その際に、半分は切り取るのであるから、部材も半分でよいと考えたか。そもそも、この半分の「再構築」の発想はどこから来たか。先述のオリジナルの設計図面に妻面の右半分が立面で、左半分が断面図となっているものがあり、意外とそういう身近なものが参考になったかもしれないが、それにしても異色。これをポスト・ポストモダン的なクリティカルな表現とするか、単なる話題づくりとするか。設計者はまた、最近しばしば語られるようになっている美術史・建築史上の概念「スポリア」をもって、これをスポリア的な営為ともする。スポリアはもともとは貴重な石材の再利用であるが、戦利品の証でもあり魔よけの意味も託されたようであるから、もちろん木材にもスポリアは可能であろう。それに、オフィスの庭にも箱崎キャンパス周辺からとられたとおぼしきオブジェが散見される。この建物の関係者は九大と特段に関わりがあるようには見えないが、地域の記憶の継承はそこに住む人すべての仕事、あるいは責務だということであろうか。

正面外観。手前に見えるのは、かつての箱崎キャンパスの門柱の一部と思われる。

右側半分と側面。1階が事務所で、2階は住宅。

撤去された左側の部分の鉄骨骨組み。煉瓦は箱崎キャンパスにあったものか。

妻壁の上部。小屋裏のアーチ窓も半分になっている。

側面外観。鉄骨骨組みがなければ普通の事務所兼住宅とも見える。

妻側入り口。ドアは新材となっているが、下見板は旧材で、金属の持ち送りもオリジナルのものと思われる。

事務所内部。旧材は使われていない。

事務所に移されたオリジナルの部材。かつての受付の窓口か。住宅部分にも階段親柱などオリジナルの部材が移されているらしい。

かつての下見板と思われる板で囲われた花壇。

箱崎キャンパスの門柱だったと思われる煉瓦造構築物。住所表示の「箱崎六丁目10」は、いまも箱崎サテライトの住所と同じ。

茨城県立図書館

水戸市三の丸にある茨城県立図書館は、珍しくもかつての県議会議事堂を図書館に改装転用したものである。弘道館公園のわきに、１９３０年創建の前の茨城県庁本庁舎（現・茨城県庁三の丸庁舎）と少し離れてはいるが南北に並んで立っており、てっきり県庁本庁舎と同じ時期に建てられたものと思っていたが、こちらのほうは単純な箱型でまったくモダン。１９７０年の創建になるという。鉄筋コンクリート造3階建てで、地下1階。設計は茨城県と日建設計、施工は竹中工務店。昔の県庁舎は、議事堂も同じ建物の中にあることが多かった。県庁舎の竣工から40年を経て、議会はようやく独立した場所を得たわけだが、それだけにこの建物の議員や県民にとっての意味は大きかったであろう。しかし、１９９９年には新しい県庁舎と議会棟がかなり離れた敷地を得て建てられ、双方ともに移転。この議事堂の活用が図られ、図書館となるに至ったというわけである。

県政にとって重要な施設であるから、図書館へのコンバージョンは、「議事堂としての記憶」を残し「空間の原型」を残すことを目標に行われたという。改修の設計は同じく茨城県と日建設計、施工は竹中工務店と昭和建設で、図書館として開館したのが２００１年。細かく間仕切られていた議員控室群が広い開架書庫と閲覧室に変えられたらしいが、中心を貫く2階の議場に至るエントランスホールの階段室もそのままだし、階段席のある広い議場も、そのまま閲覧室・視聴覚ホールになっている。耐震補強も、地下1階の壁厚を打ち増しただけで大丈夫だったらしく、その地下階は、首尾よく閉架の書庫となっている。かつて議場であった閲覧室は対面ではなく、前方の人の頭と背を見ながら本を見ることになり、多少は異色の雰囲気にとまどうぐらいで、建物としてもどこをどのように改修したかが、いま見てもよくわからない。つまり、ここまでは改変の少ない理想的なコンバージョンとなったかもしれない。

しかし、2021年、階段室のある正面の吹き抜けの空間に星乃珈琲店が進出した。県による公開プロポーザルに応募して選出されたものである。これにより、エントランスホールの広大なスペースの大部分が珈琲店になり、図書館のカウンターは一方の隅に追いやられることになった。反対側の隅は珈琲店のカウンターで、なんだかそちらの方がにぎわっているようにも見える。内装もこれに応じて白くクールなものから、褐色で重厚なものになった。加えて、アーチの窓列とアーチの書架列が加わった。これらの改装の設計は、日本レストランシステムとNowhere-Designs（ノウウェアデザイン）とambos（アンボス）で、施工は昭和建設。星乃珈琲は日本レストランシステムの系列下の会社である。

さて、この二度目の改装をどう見るか。公共図書館にも昔から食堂はあったし、最近はその運営を書店が担ったりするなど、図書館も大いに変わりつつある。あの独特の紙のにおいに変わってコーヒーの匂いのほうがよいという人もいるかもしれない。それでもなお、こうしてど真ん中にカフェが入ってくると、どちらが主役なのか疑わしくなってくる。実際、建物の正面には図書館と星乃珈琲の両方のロゴが記されているが、側面には星乃珈琲のものしかないのである。

正面外観。「茨城県立図書館」の表示の上に、星乃珈琲店のロゴがある。

全体外観。この側面の左の方に県庁三の丸庁舎がある。

側面の隅のロゴは星乃珈琲店のみ。

吹き抜けのエントランスホール。アーチの書棚の周囲は鏡張り。鯉のぼりは時節ものの飾り。

階段から入り口を見たところ。奥の右側が珈琲店のカウンターで、左側が図書館のカウンター。

左手前が図書館のカウンターで、奥が珈琲店のカウンター。

トップライトの吹き抜けのエントランスホール。

珈琲店。右に見えるのが図書館のカウンター。ブロンズの彫像は議事堂時代のものという。

もとの議場を閲覧室・視聴覚ホールにしたもの。

開架書庫と窓際の閲覧室。

山町ヴァレー

富山県高岡市にはいわゆる伝建地区が三つもある。その中で最初の2000年に選定されたのが山町筋伝統的建造物群保存地区で、そこには山町筋《やまちょうすじ》と呼ばれる600メートルにもおよぶ長い通り沿いに、主として土蔵造りで建てられた伝統的な建造物がたくさん残されている。「山町」というのは町名ではなく、高岡御車山祭《みくるまやままつり》の山車《だし》を出す合計10の町の総称。その山町筋の中央に近い所にこの山町ヴァレーはある。

木造3階建て。主要部分は洋風で、土蔵造りが多い中ではやや異色。1929年の建物とされるが、それは主要部を洋風にした際のことで、それ以前の大正期の蔵や建物も残っているという。設計・施工とも清水組とされる。山町筋にはもう一つの洋風の建物、高岡共立銀行として1914年に建てられた煉瓦造の建物があり、2019年まで富山銀行本店として用いられていたが、本店の移転に伴い、建物は高岡市に譲渡されて、市は活用法を検討中という。さて、山町ヴァレーも2010年に空き家となったが、それまでは谷道文具店であった。名前の「ヴァレー」は谷道の「谷」に因み、同時にサンフランシスコ近くの「シリコンバレー」の成功と活気にあやかりたいとの思いもこめられているという。

空き家となってから活用の方法が模索されたが、第三セクターの不動産会社がこの土地を借り受け、建物を購入し、その企画・運用をあらたに設けられた「町衆高岡」という会社組織に委託することになったという。この洋風の建物の周囲には中庭を挟んで八つの蔵が配されているが、それぞれの蔵に様々なテナントが入っている。食堂もあれば飲み屋に近い飲食店もあり、台湾茶の喫茶店もある。ランニングのためのシューズやウェアを置いている店、あるいは伝統的な高岡銅器を継承した創作的な工房の展示・販売している店もある。それぞれユニークであるが、タイ古式マッサージの店もあって、しゃっちょこばらずなかなか肩がこらない店ぞろいである。山町ヴァレーとしてのオープンは2017年。実は、高岡訪問の当初の目的は、中心から少しはずれたところにあるかつての味噌蔵をレストランにしたものを見ることだった。なるほどそこは随所に力の入ったデザインが見られたのだが、いかにもというのが少し気になった。それに反して、この山町ヴァレーは改造がことさらではなく自然に行われているようで、しかも改造部分が非常に少ない。もちろん、なにも手を加えていないわけではなく、現に訪問時にも一つの蔵で小さな工事が行われていた。時宜に応じて少しずつ変えていくということであろう。

その改修の設計を担当したのが、地元の建築家大菅洋介氏。施工も大菅氏だとされるが、彼の差配の下に地元の大工さんたちが工事を行ったのであろうか。それぞれの蔵の改修には、テナントの要望もあるだろうから、蔵によって少しずつ違う。実際、二つ目の蔵「弐ノ蔵」に入っている「クラフタン」という飲食店の家具調度は、やはり地元の羽田純というデザイナーの方が関わっているらしく、いわば大菅・羽田両氏のコラボレーションによるものということになるだろうか。このお店は、店名が示すように職人技・手作りに思い入れが強いようだが、それはこの山町ヴァレー全体にもいえることであろう。

道路側全体外観。「山町ヴァレー」の表示も小さい。右側に見えるのが「壱ノ蔵」

道路側外観。洋風部分の左隅にあるのが「弐ノ蔵」

中庭の背後の蔵で、右から順に「八ノ蔵」「七ノ蔵」「六ノ蔵」。

外観細部。タイルも部分的に取り換えられているが、おおむねよく保存されている。

玄関入り口。ホールの土間はタイル敷き。

洋風部分の中央に位置する内部で、いまは「コンシェルジュ」と称するオフィス部分。

玄関のホール部分。受付部分が付け加えられただけのように見える。

中庭奥の蔵部分の前面の通路。

「弐ノ蔵」に陣取る「クラフタン」の内部。昆布を使った料理を提供しており、うねるカウンターは昆布の表現という。

「八ノ蔵」に陣取る「モメンタムファクトリー・Orii」。銅器のオリジナルクラフトを展示・販売するギャラリーである。

むさしのエコreゾート

東京都武蔵野市のゴミ処理施設「武蔵野クリーンセンター」は、市役所の北の隣地にある。周囲にも緑が溢れており、そこに嫌われがちなゴミ処理施設があるとはとうてい思えない。いまの施設は2017年に新しく建て直されたものだが、そのファサードもすべて、木材にも見えるテラコッタルーバーで覆われていて、たしかにかつてそこにあったという雑木林のイメージが再現されているようにも見える。時に美術館のようだと評されるのもむべなるかなである。現在の主要施設が建つ場所はかつては緑地であったが、その西方には1984年に建てられた先代のゴミ処理場があった。それ以前は、武蔵野市は三鷹市にあるゴミ処理施設の共同運用に頼っていたのであり、ゴミの公害が問題とされた際には、武蔵野のゴミのボイコット運動も起こったという。つまり、1984年の施設は、責を果たす自立的な施設の誕生でもあった。それもあったか、この施設の建て替えの際に、以前の施設の西端部をリノベーションして、市民が環境問題を学べる環境啓発施設としたのである。それが、この「むさしのエコreゾート」(Musashino eco resort)と名づけられた施設で、その開館は2020年。

1984年というそれほど古いわけではない建物のリノベーションであるから、評価の高いいわゆる歴史的な建物の保存活用というのではないかもしれない。しかし、既存の施設を一掃しないで変化の跡をとどめることは社会にとって重要な営為であり、残された建物は、市にとっていわば苦闘の歴史でもあったゴミ処理施設の実際を示す生きたサンプルでもあり、環境問題の歴史を考える際のアクチュアルな場ともなっている。それに、先代の建物といまの建物との間の30数年の時間の流れは、建築的にも微妙ではあるがたしかに感じ取られるのである。

1984年の創建時の設計・施工は大成建設。鉄骨鉄筋コンクリート造の3階建てであったが、リノベーションで3階が撤去されて2階建てになり、トップライトにされている。それ以外はよく保存されていて、ここがゴミ処理施設であったことが一目でわかる。処理室の時計も、搬入用車両のためのミラーも、注意を促す掲示サインもそのまま残されている。その広い処理室は「ものづくり工房」や「フリースペース」となっており、その他は事務室、アーカイブ、スタディルーム、サポータールームなどとなっている。内装もあまり手が加えられておらず、今日風のスマートなサイン表示が加えられているだけである。そのリノベーションの基本計画は武蔵野市、設計デザイン監修が水谷俊博建築設計事務所、実施設計が相和技術研究所、施工が立花建設とされている。

保存部分の西側のファサードは、4年前に建てられた市役所に合わせたか、タイル張りで、もともとからこの施設はゴミ処理場とは見えないたたずまいであった。しかし、東側は剥き出しのコンクリートで、かつては内側の空間であった。現在、その前面の芝地の下にはゴミを収納するピットがあったものと思われる。いまは、そのブルータルなコンクリートが新設されたコンクリートの新棟と呼応して、存在感を発揮している。新旧の共存があってのみ生ずる時を隔てた合唱であろう。

東側の外観。もともとは裏側。芝地の下にはかつてゴミを収集するピットがあった。

東側外観の中央部。出入り口と窓が新設されている。

東側外観詳細。かつてのゴミの投入口と思われる。

西側外観。本来の出入り口。

かつての処理室。上部は撤去されてトップライトにされている。

同部分。「焼却2」と書かれているのが、投入口の内側。

内部詳細。「mirror」と表示されているのが、搬入トラック用の凸面鏡。

内部詳細。「clock」と表示されているのが当初の時計。4時4分はたまたまか。

新設された階数表示。

2階から少し上の踊り場にある不思議な空間。ここでなにかを考えようということか。

太田アートガーデン

群馬県太田市にあるかつての木造2階建ての商店・住宅がアートの展示場となった。それがこの「太田アートガーデン」(略称はＯＡＧ)で、東武伊勢崎線の韮川駅前にある。オープンは2019年。「ガーデン」と名づけられていることから想像されるように、主屋のみならず庭のあちこちにある蔵も展示スペースとなっている。蔵はもともと4つあったらしいが、小さめの1つが取り壊され、大きな3つが保存もしくは保修された。そして、その3つの蔵は、吹き放ちの下屋のような空間で結ばれていて、相互につながりのある場所となっている。

もともとは米穀・肥料店兼住宅であった。主屋は1938年の創建になるもののようであるが、少し奥に別棟で増築されている部分は戦後の建物と考えられ、それぞれの蔵の創建年も不詳。設計・施工も不詳。この主屋2棟と、米穀店であったからつまりは米蔵ということになる3つの蔵がアートの展示スペースとなったわけである。駅前の通りに面して設けられていた店舗のシャッターのついたファサードも撤去され、そのかわりにわきにゲート的な働きをするスペースと下屋が設けられている。敷地の側面を区切るブロック塀も木製の柵に変えられ、いくつかの付属屋も撤去されるなど、緑のある非常に開放的な「ガーデン」となった。しかもこれらはすべて無料の展示場で、常時開場しているわけではないようであるが、誰でもすぐに入れる。訪れた際も、平日にもかかわらず5〜6人の訪問者があった。

この「ガーデン」のオーナーはデザイナーの中村政久氏で、この店舗はご両親の店であり、氏自身の生まれ育った家でもあった。年齢や仕事の区切りもあってか、氏はこの生家をアート・ギャラリーとすることにし、改修の設計を慶応大学のホルヘ・アルマザン准教授の研究室に依頼。施工は群馬ケーアイ。展示されている作品は、中村氏自身の作品かもしくは氏が関わられた仕事のみのようで、他のアーティストに貸すギャリーでもない。また展示即売会でもなく、個展に近い発表会のようでもある。アートのある空間をゆっくり自由に散歩して欲しいという願いなのであろう。

特段に特徴のある建物でもないし、この程度の古さの商店・住宅はたくさんあるに違いない。しかし、代替わりとともに取り壊さずに、その時間の重なりにアートを加えてもう一つの異なる空間にするという企図はなかなかできるものでもない。辛辣にいえば、お金に余裕のあるアーティスト・趣味人の道楽といえなくもないが、中村氏自身は「故郷に付加価値をつけたい」と言っておられるようだ。主屋の内部はよく保存されているようであるが、屋根が葺き替えられ、外観も新しくなり過ぎた感もなきにしもあらず。しかし、これも現実に使っていくのであるから当然ともいえる。他の人の作品も展示することも企画されているというし、それにずっと無料で開館以来4年も機能し続けているのは希有のことであろう。蛇足のようなものになるが、韮川駅の開設は韮川村時代の1932年で、この建物の創建が1938年。韮川村が太田町に吸収合併されるのが1940年で、太田町が太田市になるのが1948年。つまり、このアートガーデンは韮川村時代の繁栄の希少な生き残りでもあるということになる。

駅前通り側の全体外観。主屋のすぐ奥の建物は戦後のもので、右端奥に見えるのが、最も古いと思われる蔵。

主屋外観。少しモダンになり過ぎたか。

芝地のガーデン。中央に見えるのが主屋に最も近い蔵で、壁が取り払われている。

最も奥の蔵。車も自転車も展示品のようにも見える。

主屋の土間部分。様々な作品が展示されている。

3つの蔵を取り結ぶ下屋部分。非常に重要な働きをしているように見える。

下屋部分の奥の蔵で、主たる展示物はここにある。構造材が露わにされている。

蔵の入り口部分から下屋部分を見たところ。

最も奥の蔵で、アーティストの書斎もしくはスタジオのような雰囲気。

壁が取り払われた最も手前の蔵。たまたま撮影時には展示物はなかった。

吉田村ヴィレッジ

栃木県下野市の東のはずれに位置する「ほんとの田舎」のもとの農協の施設だったところがリノベーションされ、「吉田村ヴィレッジ」(YOSHIDA MURA Village)と名付けられ、たいへん都会的なマーケット・ベイカリー・レストラン・ホテルとなっている。「ほんとの田舎」というのは、このヴィレッジのパンフレットに書かれている言葉で、そこには「何もない田舎で過ごす豊かな休日」とのキャッチフレーズもある。「吉田村」というのはかつて栃木県河内郡にあった村名で、後に下野市の一部となって、いまは「本吉田」「上吉田」「下吉田」などの地名として存在している。

「吉田村ヴィレッジ」としてのオープンは2021年であるが、1989年までは宇都宮農協(JAうつのみや)の吉田支所の事務所やマーケットやガソリンスタンドや倉庫などがあった。それらの施設は農協支所の移転後は使われていなかったようだが、2014年ころから事業やイベントの場となってきていた。それを推進してきたのが、かつてデザイナーでいまは実業家で「吉田村ヴィレッジ」村長でもある伊澤敦彦氏である。もともとは家業のいちご園を継ぎ、ジェラート(アイスクリーム)店を営むために帰郷されたようだが、この農協の施設を購入し、まず2014年に向かい側の1970年頃創建とされる農協の鉄筋コンクリート造の事務所をイタリアンレストランとし、同時に隣接する広場で「吉田村まつり」なるイベントを毎年秋に開催し、そしてようやく2021年にヴィレッジ開村となったわけである。

開村の目玉が、米や農産物を保管するための大谷石積みの壁体をもつ2階建ての木造倉庫のリノベーションである。そういえば大谷石の産地は栃木県宇都宮近郊であった。石積みの倉庫は2棟あり、そのうち大きいほうが、先述のマーケット・ベイカリー・レストラン・ホテルとなり、それと並んで立つ奥の少し小さめの倉庫が事務用に使われているようである。実はもう1つ、石積みの倉庫がかつての農協事務所の奥にあるが、これもいまはイタリアンレストランのオフィス用に使われているようである。大きい倉庫の創建年は1941年とされ、他の2棟はそれよりも20年ほど後のものらしい。敷地の最も奥にある鉄骨の倉庫は、さらに20年ほど後のものという。これらの倉庫の設計・施工は不詳。そして、倉庫のリノベーションの設計は、栃木県小山市のアトリエ慶野正司一級建築士事務所で、施工は地元下野市の小林工業である。

さて、その石積みの倉庫の補強改装ぶりであるが、木造の構造にかなりの量の鉄骨とブレースを組み込む形で行われており安心感がある。特殊な改修の方法が取られているわけではないが、間仕切りすることなく内部が連続的に変わるやり方がとられており、自然な感じがする。新たに設けられた階段もシンプル。ちょっとびっくりしたのが2室だけ設けられたホテルで、これは少し意外なところに現れる。倉庫の壁面に付けられた飾りも、農機具とか鞍とか、あるいは収穫物とかで農業と関係がありそうなものばかり。敷地の奥の鉄骨の倉庫もまだ手がつけられないままであり、このヴィレッジの空間はさらに変化していくものと思われる。そして「ほんとの田舎」が大変身することもあり得ないわけではないと思わせる。

入り口部分。右に2棟の石積みの倉庫。正面奥に吹き放ちの鉄骨の倉庫。

2棟の石積みの倉庫。手前が主たる店舗で、奥は事務用らしい。

石積みの倉庫の出入り口部分。扉は新設されている。

石積みの倉庫の側面。要所にバットレス(控え壁)が見られる。

奥の小さい方の倉庫。これは事務用らしい。

かつての農協支所の奥にある石積みの倉庫。これも事務用か。

主たる倉庫の内部。木造の小屋組みに鉄骨が要所要所に挿入されている。

主たる倉庫の2階部分。パンを主とした軽食が食べられる。

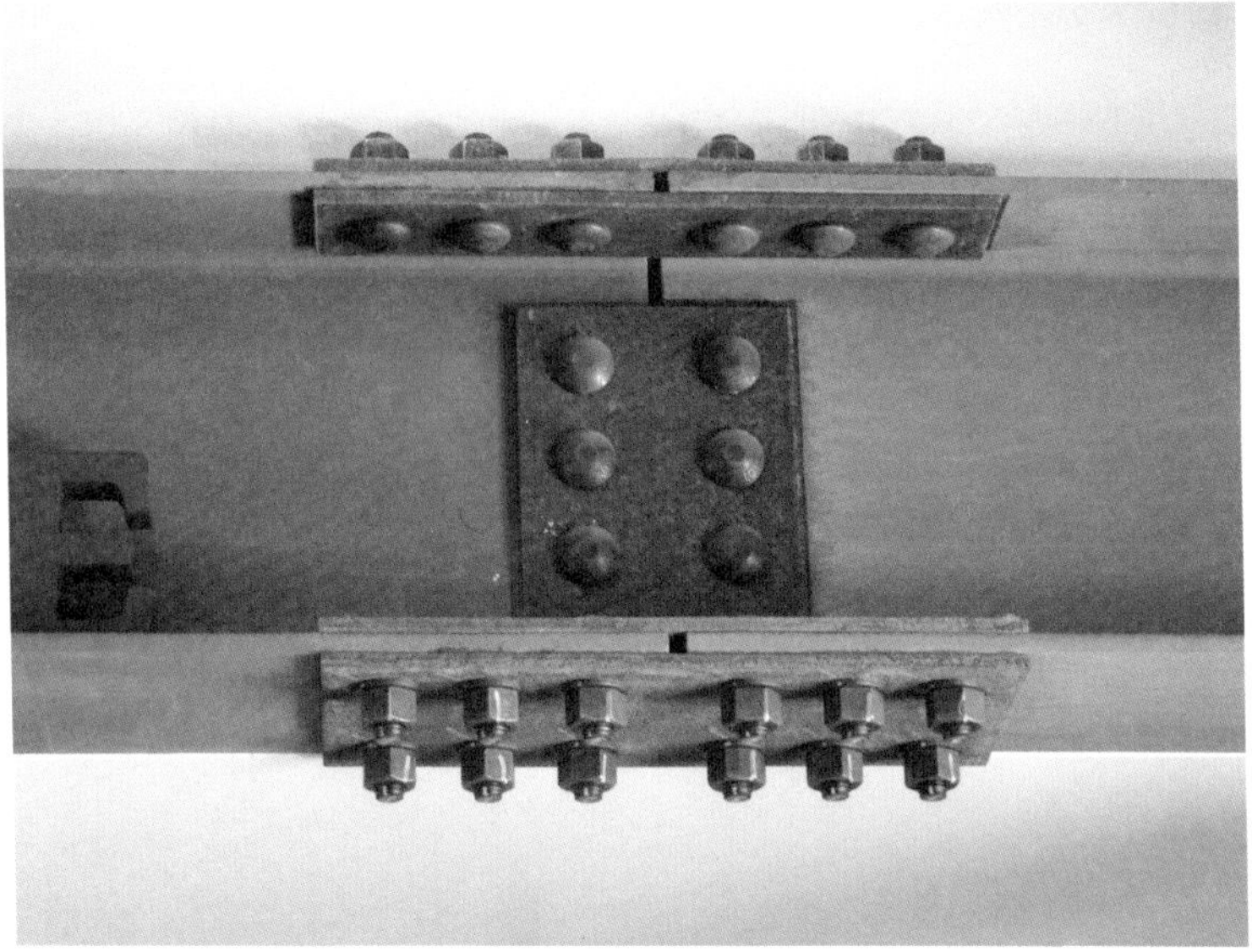

挿入された鉄骨。つなぎの部材は塗装されておらず、荒々しさを見せている。

壁面の飾りの農機具。

はじまりの美術館

福島県耶麻郡猪苗代町に残された古い酒蔵を美術館にしたものである。2014年の開館。郡山に本拠を置く社会福祉法人安積愛育園の運営する施設である故に、通常の美術館でもあるが、知的障碍者・精神障碍者とアートの関わり、人間とアートとの根元的な関係、つまりはアートの「はじまり」を問う場でもある。あるいは、この美術館をアート的な活動のスタート地点にして欲しいという願いもあるかもしれない。美術館のパンフレットにも「表現を楽しむ、つながりの場」とあり、前面の広場では時にイベントが行われ、館内では毎月「寄り合い」が実施されているという。展示品もいわゆる「アール・ブリュット」を主としており、館内には誰もが自由に描けるボードも用意されている。同じく美術館のパンフレットに「建築は無有建築工房、コミュニティデザインはstudio-Lと協働し、日本財団の『New Day基金』事業の一環として整備」と記されているから、竹原義二氏の無有建築工房が保存活用の設計を担当し、山崎亮氏のstudio-Lが企画実践に関わったことがわかる。施工は、福島県須賀川市にあり根本一久氏が会長を務める快適古民家再生協会で、根本氏をはじめとする地元の大工が行ったという。

もとの酒蔵の創建年は1885年とされ、酒造業を営む塩谷家の酒蔵だったという。創建当時の設計・施工は不詳。木造2階建ての長い蔵で、18間もあるその長さ故に「十八間蔵」とも呼ばれていた。酒蔵でなくなってからもダンスホールや縫製工場として使われたという。会津若松・猪苗代は全国有数の日本酒の産地として知られるが、猪苗代にもかつてはいくつも酒蔵があったらしい。ついでながら、この「はじまりの美術館」のすぐそばにも古い酒蔵をギャラリーにしたものがある。1889年創建の酒蔵を「猪苗代のギャラリー」と名付けて展示場にしたもので、ほぼ同じ時期の2013年のオープン。その設計は柴崎恭秀会津大学短期大学部教授で施工は会津土建株式会社。ただし、このギャラリーはいつも開いているわけではなく、どちらかと言えば私的なギャラリーらしい。

さて、その改修ぶりであるが、地元の大工によって施工が行われたと記されている通り、伝統的な構法が踏襲されている。外壁も腰が横羽目板張り、上部は塗り壁で、もとと同じ。ただし、塗り壁は白色ではなくベージュ色の壁(「そとん壁」というらしい)となっている。鉄骨材による補強もほとんど見られない。もともとの材料もたくさん使われており、接ぎ木の手法も見られる。独立した展示室を設けるためにコンクリートブロックによる新たな壁が設けられているが、隅の処理が巧妙でこれもあまり違和感がない。一部に大きな窓が新設されているが、これは展示室を明るくするために必要であろうし、入り口には重厚にすぎるかもしれない鉄板の仕切りが設けられているが、これも入り口のインパクトとして必要かもしれない。なによりも、床が木レンガ敷きにされたり、手斧ではつったような仕上げにされたり、柱のもとの礎石が見られるなど、細かな配慮によるディテールが見られ、ハッとすることしばしばである。つまりは、この美術館自体が「アール・ブリュット」だということかもしれない。

全体の外観。側面に大きな開口部が設けられている。

入り口部分の鉄板の仕切り。ただし、その内側は木製の出入り口。

外壁。上部は塗り壁で、腰は横羽目板張り。塗り壁に設けられた窓は新設のものと思われる。

外壁。大きな窓が新設されている。

内部。主たる構造材はおおむね旧材。左側にコンクリートブロックの壁を新設。

ここに見られる木材はすべて旧材。

2階に上がる階段で、これは新設。

展示室。左の床は木レンガ敷きで、右側は手斧はつりのような仕上げ。

はしらの下にはもとの礎石が見られる。

小屋組み。垂木と野地板以外は旧材が使われている。

泉佐野市文化財保護課

関西国際空港の対岸に位置する大阪府泉佐野市は、戦災にあわなかったこともあって、歴史的な街区をも擁しており、「さの町場」とも呼ばれるその市街地には、古い建物が多く残されている。そして、そうした歴史的な建物の資産を保存活用しようとする市や市民の活動もいくつか盛んに行われているようである。

その泉佐野市の文化財保護課の住所は、2022年11月から「泉佐野市元町4-5　旧朝日湯内」である。「朝日湯」というのは銭湯のことで、かつての銭湯に市役所の一つの課が事務所を置いているということになる。現役の銭湯が国の登録文化財になっている例はいくつもあるし、もとの古い銭湯を飲食店などにリフォームしている例もいくつか知られているが、銭湯の中に自治体の事務所を置いている例はきわめて珍しい。しかもほとんど改造をせずに銭湯のたたずまいを残したままである。活発なふるさと納税活動でも話題となっている泉佐野市であるが、この文化財保護課の移転も快挙ともいうべきビッグニュースである。泉佐野市文化財保護課はこのもとの銭湯を購入したわけではなく、賃借して使っているようであるが、実は近くのもう一つのやはりもとの銭湯「大将軍湯」の所有者でもある。旧「大将軍湯」の活用法については検討中とのことであるが、いずれにしても、文化財保護課の旧銭湯への移転は、歴史的な建物の保存と活用を図ろうとする市と市民の活動の端的な現われではあるだろう。

朝日湯は明治期から営業していたらしいが、現在の木造建物の主たる部分は大正後期から昭和初期に建てられたとされている。設計・施工も不詳。1995年の阪神淡路大震災以降は閉業していたという。これの改修の設計は東京のらいおん建築事務所で、その主宰者の嶋田洋平氏はこの設計以前から泉佐野市の中心市街地を活性化せんとする活動に関わられていた。その活動を担った団体の一つが「バリュー・リノベーションズ・さの」で、それは現在、一般社団法人化され、嶋田氏はその代表理事でもある。そしてリノベーションの施工は大阪市の昭和工務店で、その竣工が文化財課の移転の前の2022年10月。

旧朝日湯は、奥行こそ深いが、玄関に豪華な唐破風があるわけでもなく、一見すると住宅のような外観である。これは、先述の「大将軍湯」についてもいえ、こちらは小さな唐破風が付けられているものの全体的にはやはり地味。つまり銭湯が住宅街に溶け込んでいたということであろう。さて、そのリノベーションぶりであるが、簡単に言うと、銭湯のまま使っているともいえる。ただ浴槽に湯がないだけである。文化財課は入り口の右側のかつての男湯側に陣取っているが、いずれシェアオフィスとしても貸し出す予定だとされ、いまは使われていないかつての女湯側は銭湯として修理されたともいえ、ほぼ銭湯のままである。番台も下足箱もそのままである。さらには、浴槽の背後の壁の絵はあらたに描き直されたといい、むしろ積極的に銭湯たらんとしている。応接スペースもかつて浴客が休んだ場所である。ただし、男湯の洗い場には高い床が張られ、職員から脱衣場も入り口もよく見えるようになっている。

外観。後方に二つの棟が見えるが、右が男湯棟、左が女湯棟。

玄関。「朝日湯」の看板はそのままで、文化財保護課の表示はない。

出入り口。さすがに、暖簾だけは泉佐野市のもの。少し見えにくいが、ドアのガラスに泉佐野市文化財保護課の文字が記されている。

脱衣場上部。神棚がある。

かつての番台。後方に低い間仕切り壁が付加されている。

下足箱もそのまま。その手前が応接スペース。

かつての男湯。天井はヴォールト状。後方の絵はあらたに描き加えられたもの。

かつての女湯。浴槽にぬいぐるみが置かれている。

女湯の浴槽まわりの洗い場。

洗い場の鏡。職員の後ろ姿が映っている。

あとがき

前著『現代建築保存活用見て歩き』で26件、本書『現代建築保存活用の冒険』で26件、保存活用された建物を見て歩く旅はつづいた。こんどもまた、王国社のホームページに掲載のスペースを与えられるという幸運を得て、それを励みの旅であった。旅はいくらかの情報を得てから行くのだが、残念ながら現場は考えていたものと違うこともある。創業の地の事務所ビルをホテルに転じたものは、宿泊客以外はフロントにすら入れないほど閉鎖的であった。囲い込んだほうが秘匿性が増すとか、利用者のプライドが保てるとかの判断であろうか。あるいは、オーナー・運用者・設計者による芸術性・社会性の誇示にもちょっと白けることがある。建物が存続を望んでいるからその見えない意志に自然に従っただけだといった風のものがいちばんよいように思うが、これも見る方の勝手な思い込みにすぎないかもしれない。

ともあれ、保存活用の例は確実に増えており、ごく当たり前に各地で行われている。その保存活用に携わる建築家や施工業者にとっても、地域性と歴史性は価値でこそあれ、障害物では全然ないであろう。建築家の保存活用の手法も多様になり、その発想の根拠も多様で深化している。

保存活用に関わる機会が増え、研究する場面も多くなっている故であろう。保存活用された建物には、残された部分と新しい部分の対話・葛藤・和解のドラマがあり、そこに蓄積された歴史と時間は深みのある場を生みだすのである。

とはいえ保存活用の実例を訪ねる旅は、またいわゆるシャッター商店街を見ざるを得ない旅でもあった。保存活用は成熟した文化の賜物で、それによってこそ我々は謙虚になり、深い体験を与えられ、思索を深められるのだが、残念ながら成熟と衰退はつながっている。しかし、画一的で威勢がよいだけの文化よりもはるかに望ましい。保存活用の事業には地元の自治体の物心両面での支援があったり、公益法人の援助があったり、全国的で国際的な資本によってなされるものもあるが、やはり多くは地元の意志と知恵と資本によるもので、時には私的な個人事業で、しかも見学自由でまったくオープンなものもある。そうしたものには心から敬意を表したいし、多くの人が訪れてほしい。本書がそのわずかな一助になればと願う次第である。

本書もまた、きっかけから仕上げまですべて王国社の山岸久夫氏の力によってできたものである。ホームページのスペースの提供から始まり、出版までにまとめあげて下さった山岸久夫氏に深く感謝したい。

二〇二三年七月

吉田鋼市

掲載建物所在地一覧

◉東京都北区立中央図書館
東京都北区十条台1-2-5
◉白井屋ホテル
群馬県前橋市本町2-2-15
◉浜松市鴨江アートセンター
静岡県浜松市中区鴨江町1
◉牛久シャトー　神谷傳兵衛記念館
茨城県牛久市中央3-20-1
◉製粉ミュージアム
群馬県館林市栄町6-1
◉佐原三菱館
千葉県香取市佐原イ1903-1
◉九段会館テラス
東京都千代田区九段南1-6-5
◉旧網干銀行　湊倶楽部
兵庫県姫路市網干区新在家1239
◉ONOMICHI　U2
広島県尾道市西御所町5-11
◉オーベルジュ豊岡1925
兵庫県豊岡市中央町11-22
◉河南ビル
神戸市中央区三宮町2-9-7
◉郵便名柄館
奈良県御所市名柄326-1
◉洲本市立洲本図書館
兵庫県洲本市塩屋1-1-8
◉舞鶴赤れんがパーク
京都府舞鶴市字北吸1039-2

◉旧山崎家別邸

埼玉県川越市松江町2-7-8

◉旧観慶丸商店

宮城県石巻市中央3-6-9

◉塩竈市杉村惇美術館・塩竈市公民館本町分室

宮城県塩竈市本町8-1

◉GEA

山形県寒河江市元町1-19-1

◉TETUSIN DESIGN RE-USE OFFICE

福岡市東区箱崎1-45-25

◉茨城県立図書館

水戸市三の丸1-5-38

◉山町ヴァレー

富山県高岡市小馬出町6

◉むさしのエコreゾート

東京都武蔵野市緑町3-1-5

◉太田アートガーデン

群馬県太田市台之郷町1092-1

◉吉田村ヴィレッジ

栃木県下野市本吉田784

◉はじまりの美術館

福島県耶麻郡猪苗代町字新町4873

◉泉佐野市文化財保護課

大阪府泉佐野市元町4-5旧朝日湯内

吉田鋼市（よしだ　こういち）

1947年、兵庫県姫路市生まれ。

1970年、横浜国立大学工学部建築学科卒業。

1977年、京都大学大学院建築学専攻博士課程単位取得退学。

1973～75年、エコール・デ・ボザールU.P.6および古建築歴史・保存高等研究センター在学（仏政府給費留学生）。

横浜国立大学教授、同大学院教授を経て現在、同大学名誉教授。工学博士。

著書　『現代建築保存活用見て歩き』（王国社）
『オーギュスト・ペレとはだれか』（王国社）
『日本の盛期モダニズム建築像』（王国社）
『日本の初期モダニズム建築家』（王国社）
『鎌倉近代建築の歴史散歩』（港の人）
『日本のアール・デコ建築物語』（王国社）
『日本のアール・デコの建築家』（王国社）
『日本のアール・デコ建築入門』（王国社）
『図説アール・デコ建築』（河出書房新社）
『西洋建築史』（森北出版）
『アール・デコの建築』（中公新書）
『オーギュスト・ペレ』（鹿島出版会）
『トニー・ガルニエ』（鹿島出版会）　ほか
訳書　P.コリンズ『近代建築における理想の変遷1750-1950』（鹿島出版会）
N.ペヴスナー『十九世紀の建築著述家たち』（中央公論美術出版）
P. A.ミヒェリス『建築美学』（南洋堂出版）　ほか

現代建築保存活用の冒険

2023年　9月20日　初版発行

著　者——吉田鋼市　©2023
発行者——山岸久夫
発行所——王 国 社
〒270-0002 千葉県松戸市平賀152-8
tel 047（347）0952　　fax 047（347）0954
https://www.okokusha.com
印刷　三美印刷　　製本　小泉製本
写真——吉田鋼市
装幀・構成——水野哲也（watermark）

ISBN 978-4-86073-076-5　*Printed in Japan*

吉田鋼市の本

吉田鋼市
Yoshida Koichi
現代建築
保存活用
見て歩き
建築は使われ続けることに意味がある
時間を経たものに人は安らぎを感じる

本体価格 2000円

吉田鋼市
日本のアール・デコ建築物語
アール・デコの基盤となった
人々と社会の物語

吉田鋼市
日本のアール・デコの建築家
渡辺仁から村野藤吾まで
こんなに豊かな世界があるのか

日本のアール・デコ建築入門
吉田鋼市
ジャパン・デコの世界へようこそ

吉田鋼市
オーギュスト・ペレとはだれか
歴史の切断ではなく
継承を求めて
古典主義的な鉄筋コンクリート造建築の
創始者ペレの全仕事

日本の
盛期モダニズム
建築像
吉田鋼市
モダニズムは何をもたらしたか

吉田鋼市
日本の
初期モダニズム
建築家
モダニズムが世界を変えた

本体価格 各1800円

王国社刊